"De Cero a Mente Millonaria"

Serie

"Mi negocio Exitoso"

M. Viveros M.

A mi Dios
A mis hermosos
A mis padres

CONTENIDO

INTRODUCCION

Si tu y yo estuviéramos parados frente a frente, y te preguntara a ti, sí, a ti que deseas tener un negocio exitoso: ¿Cuál es tu definición personal de negocio?, qué es para ti un Negocio ¿Qué me contestarías?

Debes empezar entendiendo la importancia de tener claro lo que deseas hacer, porque,

¿Cómo crearás algo que no comprendes, y menos aún puedes explicar?

Según Wikipedia: "Un negocio consiste en un método de [...] obtener dinero a cambio de productos, servicios, o cualquier actividad que se quiera desarrollar."

Pero sucede que desarrollamos una actividad comercial, le dedicamos nuestro tiempo, dinero, intelecto, cariño, lágrimas, etc. Y sacrificamos viajes, fiestas, tiempo con nuestros amigos, tiempo con nuestras familias, ver crecer a nuestros hijos entre muchas otras cosas invaluables, todo justificado claro en que es para ellos. Esperando obtener dinero a cambio.

Sin embargo, lejos de ese objetivo, lo que obtenemos es estrés, reproches, gastritis, más trabajo y menos dinero (y cada mes más de esto y menos de lo que queremos).

¿Qué estamos haciendo mal?

Lo que se está haciendo mal: *No se está trabajando con el intelecto.*

Se está haciendo un trabajo empírico (como mis creencias me lo dejan entender) y con la común aunque *falsa* idea de que, si sé hacer algo, puedo poner un negocio al respecto. Si sé hacer pan, puedo poner una panadería.

Y te debe quedar muy claro estimado lector, que es una cosa muy diferente saber hacer algo (como un oficio), y que por eso puedas poner un negocio exitoso.

¿Qué es entonces trabajar con el intelecto?

Trabajar con la mente.
Convertir tu trabajo en una ciencia calculada.
No trabajar a ver que te depara el futuro, sino conocer exactamente lo que tienes que hacer para lograr tus metas de trabajo.

¿No sería maravilloso conocer cuántos prospectos tienes que ver en un día para lograr tus metas del mes?
¿No sería maravilloso conocer los pasos exactos que debes dar en tu negocio para lograr las utilidades que deseas?

¿No sería maravilloso que dejes de trabajar para tu negocio y que ahora tu negocio trabaje para ti?

Pero como el intelecto tiene que ver con la mente, ¿Está tu mente preparada para eso?
Si no, ¿Cómo te preparas mentalmente para lograr el éxito?

Para lograr tu deseo de tener un negocio exitoso, primero tú debes convertirte en una persona exitosa, porque lo que logras es siempre el resultado de lo que tú eres.

¿Cómo te conviertes en alguien que genera resultados de éxito?

Este libro "De Cero a Mente Millonaria" te enseña el camino que debes seguir para llegar a ser la persona que deseas y necesitas ser.

Y la serie "Mi negocio exitoso", pretende ser tu guía que te lleve de la mano, para que logres todos tus objetivos de negocio.

Es mi deseo sincero, que juntos logremos conseguir tu libertad financiera y logres ser un empresario, un real dueño de negocio y no un auto-empleado con el jefe más tirano de todos, tú mismo.

A QUIEN ESTA DIRIGIDO ESTE LIBRO

Si eres un emprendedor que está naciendo, este libro es para ti.

Si eres un emprendedor que no prende (no pega ningún negocio), sin duda que es para ti.

Si estas iniciando un negocio y deseas tener éxito, este libro es para ti.

Si tienes un negocio que te cuesta mantener a flote, este libro es para ti.

Si tienes un negocio y no consigues flujo de efectivo, este libro es para ti.

Si tienes un negocio y deseas conseguir más clientes, más ventas, más utilidades, este libro es para ti.

Si eres empleado, pero tienes el deseo de emprender algún negocio propio, hiciste tu primera compra correcta.

Si eres un curioso, también es para ti.

Si eres algo flojo, también ya que no es muy largo de leer, aunque tal vez los problemas en tu negocio se deban a eso, mm ¿no crees?

Este primer libro de la serie, pretende *crear en ti la mentalidad correcta para tener éxito*, porque si no tienes las bases apropiadas y la visión correcta, el éxito puede estar pasando una y otra vez frente a ti, y tú seguirás ignorándolo.
¡Y el también te seguirá ignorando!

DE QUIEN ME DISCULPO

Primero de ti, apreciado lector, porque tal vez en algunas ocasiones te hable con no tanto respeto como te mereces, pero es por el deseo de ayudarte, más que de agradarte.
Aunque al final espero caerte bien, si consideras que te doy algo de valor.

También me disculpo contigo porque mi escritura no sea de la calidad poética y artística que me gustaría.

También me disculpo sobre mis comentarios, ideas y formas de pensar, ya que sin duda estoy influenciado por todo lo que he leído, estudiado, visto, escuchado, así que cualquier parecido con la realidad, considera que es mera coincidencia.

Finalmente, con los respetados autores de los que cito y tomo las ideas que plasmo juntas en este libro, de mis coaches de negocio y de las grandes personas que han influido en mi vida. Espero haber entendido apropiadamente el mensaje.

LO QUE NO SE ESPERA

He leído cientos de libros y ¡por Dios!, que no se me permita hacer lo mismo, de llenar las páginas de contenido inútil, para resaltar solo una o dos ideas.

Claro, hay sin duda muchos libros que realmente valen la pena y aportan contenido de alta calidad, solo espero estar más cerca de ese tipo de libros que de los otros.

Busco que la información que te dé, sea realmente útil, por lo que no esperes capítulos demasiado largos o con demasiada información sobre un tema. En caso de ser necesario te remitiré a algún autor que te pueda ayudar sobre el tema en cuestión.

Recuerda también que este libro es parte de una serie, por lo que no se espera de él resolver todas las cuestiones implicadas en la creación de un negocio exitoso, aquí se trata lo referente a los aspectos de la mentalidad que se necesitan para lograrlo.

LO QUE SE ESPERA

Realmente deseo que esta información te sea de utilidad; estás leyendo las palabras e ideas de alguien que se quemó el coco (cerebro), para encontrar algo de valor para ti.

Deseamos que nuestro negocio trabaje para nosotros, que funcione sin la necesidad de que estemos en él, que tengamos tiempo disponible para nuestra familia, que no nos produzca estrés, y sea una constante fuente de flujo de efectivo que nos provea de todo lo necesario.

La buena noticia es que eso se puede conseguir y puedes esperar de esta serie "Mi negocio exitoso" que te diga cómo puedes tu lograrlo, y para empezar de la manera correcta este primer libro de la serie pretende crear en ti los fuertes fundamentos mentales necesarios para hacer eso posible.
Muchas personas que desean tener un negocio de éxito no le ponen atención a su formación personal y fallan una y otra vez ¿por qué? Porque su mente y su ser, simplemente no están en el nivel requerido para tener éxito

¿Por qué una serie? Porque no quiero saturarte de información, y hay una base de conocimiento algo amplia que debes tener para que las cosas salgan bien, base que la mayoría no tiene, razón por la que esos negocios no prosperan.

Puedes tener el mejor producto, puedes tener el mejor cliente, puedes tener el mejor proyecto o servicio, pero si tienes miedo de salir a venderlo, hábitos que te dañan y no tienes la motivación correcta, de nada va a servir. Por eso necesitas primero crear en ti una mentalidad millonaria. Eso espero que logremos en esta lectura juntos.

Deseo sinceramente que al terminar este libro tu mente haya pasado "De Cero a Mente Millonaria"

CAPITULO 1. CREENCIAS.

Vamos a definir creencia como: *algo que tú sostienes como una verdad.*

Y vamos a tomar el concepto más detallado del libro "Los Secretos de la Mente Millonaria (T. Harv Eker)".

El autor sostiene que "en general la gente rica (o exitosa para nuestro caso) piensan de una determinada manera y los pobres (no exitosos en los negocios para nuestro estudio) lo hacen de forma completamente distinta. Esos modos de pensar orientan sus acciones y por tanto, determinan sus resultados".

Y a mi ver, tiene mucha lógica: ¿Cómo se para o presenta ante un posible cliente una persona exitosa para pedir un proyecto, un negocio o hacer una venta?

¿Y como lo hace alguien que sus fracasos lo han convertido en una persona insegura de sí misma?

Son casos totalmente distintos ¿verdad?

¿Cuál es la creencia? *Cómo te ves a ti mismo, cuál es tu verdad sobre ti mismo.* Esa verdad que estás reflejando al posible cliente, para que confíe o no en ti, en tu trabajo, en tu negocio.

¿Cuáles crees que van a ser los resultados?

Evidentemente si tú no confías en ti mismo, menos lo va a hacer el posible cliente.

¿Notas de principio la importancia de tus creencias?

1.1 - ¿Qué define mis creencias?

Dada la gran influencia que las creencias tienen en nuestros resultados, esta es una excelente pregunta.

Podemos contestar, que lo que define nuestras creencias (no lo olvides: lo que sostenemos como verdad) es lo que hay dentro de nuestra mente.

¿Y cómo se metió ahí lo que tenemos en nuestra mente?

Pues es lo que hemos vivido, lo que hemos visto, oído, experimentado.

Varios autores, comparan la mente como un gran servidor de archivos, con toda la información de nuestra vida almacenada en ella; cuando uno de nuestros sentidos hace una petición de un dato, nuestro cerebro busca en esos archivos y nos da lo que hay almacenado al respecto.

Por ejemplo, vas caminando por la calle y una persona te habla por tu nombre, al momento de escuchar por tus oídos o ver con tus ojos, tu cerebro saca la información que hay almacenada de esa persona: como se llama, donde vive, cuando fue la última vez que la viste, donde la viste, que hicieron juntos, como te cae, etc. Nota que tú recibes toda esa información y en ese momento tú no te cuestionas si es verdad o no. Está ahí almacenada y la tomas como una verdad de manera inconsciente.

Lo mismo pasa con respecto a tus miedos, inseguridades, formas de pensar, etc. Están ahí, las recibes al momento, no las cuestionas y qué crees: Influyen en los resultados de todo lo que haces, incluyendo claro, los resultados de tu negocio.

1.2 - ¿Pueden afectarme negativamente esas creencias?

Definitivamente sí, pueden afectarte negativamente. Te pongo un ejemplo que muchos autores utilizan: ¿Qué escuchabas de niño en tu casa con respecto al dinero?

13

Entre muchas cosas, que "el dinero es la raíz de todos los males", "maldito dinero", "los ricos son malas personas, ya que se hicieron ricos a costa del sufrimiento de otros", etc. En pocas palabras, el dinero es malo y los que tienen dinero también.

Recuerda que lo que sacas de tu mente, más del 90%, quizá el 95% es inconsciente, lo haces sin pensar conscientemente, solo basado en lo que tienes almacenado en tus archivos cerebrales, sin evaluarlo.

Hay otros archivos guardados en tu mente, relacionados con la educación que recibiste en casa que te hacen ser una buena persona o al menos intentar en lo posible ser una buena persona, y hacer sentir orgullosos a tus padres y familia.

Entonces ¿qué va a pasar si tienes la oportunidad en tu negocio de ganar mucho dinero?

Qué crees, pues lamento informarte, que tu mente de manera inconsciente te va a sabotear, todos y cada uno de los esfuerzos que hagas por ganar dinero.

Tal vez te de córrele que te alcanza (dolorcito de estomago), tal vez te duela la cabeza, tal vez se te haga tarde, tal vez tu auto se descomponga, tal vez el tipo con el que vas a hacer el negocio no te da mucha confianza, o te pida mucho dinero (raro). Bueno, lo que sea te puede pasar, provocado claro está por tu inconsciente, para que no te conviertas en una mala persona.

¿Captas el punto?

Lo mismo ocurre con lo que observaste con respecto al dinero a través de tu vida, que influye directamente con la manera en que administras tu negocio. ¿Te pasa que no importa cuánto ganes, te las arreglas para quedarte apenas con lo necesario para sobrevivir?

Así que, puede ser (lamentablemente ocurre la mayor parte del tiempo) que de manera inconsciente, estamos programados para fracasar.

1.3 - Mindset

En este punto vamos a introducir esta palabra compuesta en ingles mindset, para referirnos a: Conjunto de creencias que lleva a las personas a adoptar comportamientos, herramientas o tomar ciertas elecciones.

En otras palabras lo que hacemos debido a las creencias que tenemos es nuestro mindset. Nuestra forma de pensar y actuar empresarial.

1. 4 - ¿Qué puedo hacer si mis creencias me generan malos resultados? (Mi mindset está mal para los negocios)

Los autores que hablan sobre esta influencia inconsciente negativa, concuerdan en que, ya que nuestra mente está programada de esa manera que evita conseguir nuestros objetivos, lo único que queda por hacer es:

Reprogramar nuestra mente.

¿Cómo reprogramamos nuestra mente?

Coco-Wash (je).

Tienes que decirle de manera consciente a tu cerebro lo contrario de esa creencia negativa, tanto y de diferentes maneras, hasta que penetre a tu mente y sustituya esos archivos dañinos por lo que deseas.

Pues te diré que a muchos esto les parece un poco loco, pero es lo que funciona. Personalmente te lo puedo confirmar.

Recuerda que los miedos, son el resultado de las creencias limitantes que tienes programadas en tu mente inconsciente, por lo que cuando cambies esas creencias, esos miedos también van a desaparecer.

Procedimiento:

Toma una hoja en blanco y como tú quieras, a mano o en tu computadora, escribe una lista de las creencias que te estén limitando, esto es para detectar todas y cada una de ellas.

Por ejemplo: Si uno de tus problemas que te bloquean en tu desarrollo de negocio es que te da miedo salir a vender y todo el tiempo andas buscando a quien mandar en lugar tuyo o pretextos para no ir.

En tu lista de miedos o creencias limitantes escribe algo como:

- Miedo a vender.

- Miedo a prospectar por teléfono.

- Miedo a prospectar en frío

- Miedo a cobrar

- Miedo a que me digan que no

- Odio llevar una agenda

Escribe en otra hoja una lista de afirmaciones que sean contrarias a esas creencias limitantes.

Por ejemplo:

MIS AFIRMACIONES

"SOY UN EXCELENTE VENDEDOR, AMO VENDER, NACI PARA VENDER"

"ME ENCANTA BUSCAR CLIENTES POR TELEFONO"

"AMO LLEGAR SIN AVISAR A UNA EMPRESA A BUSCAR PROYECTOS"

"ME ENCANTA COBRAR LO QUE ME DEBEN"

"AMO EL ORDEN, AMO MI AGENDA"

"¡COMO DISFRUTO HABLAR EN PUBLICO!"

"ME DIVIERTE QUE ME RECHACEN"

ETC.

Pega esa hoja frente a ti, donde la veas todo el tiempo. Ponte frente a un espejo y repite en voz alta tus afirmaciones cuando te levantes, cuando desayunes, cuando comas, cuando vayas al trabajo, antes de dormirte. Grábalas y escúchalas, repítelas tanto a tu mente, que no le quede otra que creerlas. Repítetelas, créetelas, que de hecho son la nueva verdad para ti, la verdad que te ayudará a conseguir resultados grandiosos en tu negocio.

Ahora imagínate que te presentas ante un cliente importante, sin miedo de hablar, con el poder de negociar entre iguales con él, sin miedo a que te rechacen, disfrutándolo.

Amigo mío ¿Quién te va a detener?

Quiero aclarar, que para que el trabajo nos de los resultados deseados, debe ir acompañado con preparación y procedimientos de trabajo adecuados, como guiones de ventas, guiones telefónicos, guiones de cobranza, manuales, etc. Que veremos en su momento más adelante en esta serie.

Ahora lo que quiero es que fortalezcas tu mente, ya que es el principio de todo tu éxito.

Para mí, es lo más importante, ya que todo lo demás en cualquier momento lo puedes aprender.

1.5 - ¿Cómo ubicar las creencias que te están limitando?

Es difícil sin duda, de un momento a otro detectar y hacer una lista de todas las creencias que nos limitan y empezar a eliminarlas.

Partamos entonces de lo siguiente: *Las respuestas son soluciones.*

Si queremos solucionar algo, hay que hacernos las preguntas adecuadas, para llegar a las respuestas o soluciones que necesitamos.

Entonces hagamos esto: ubiquemos primero lo que deseamos lograr y preguntémonos: ¿Qué es lo que hoy me impide lograr eso? ¿Qué me desanima? ¿Qué me asusta? ¿Qué me da flojera? ¿Qué me da vergüenza? ¿Qué no quiero hacer aunque me peguen, perdón, aunque me paguen?

Toma nota y haz una lista de todas las cosas que te desaniman, te dan miedo, te dan flojera, les quieres sacar la vuelta, quieres que vaya tu mama, etc.

Para empezar esas son las cosas que debes superar, porque si no lo haces, no avanzas hacia tus metas.

Nota que decimos "que me", "que no quiero", ya que tú eres responsable del éxito o fracaso de tus objetivos o negocio, nadie más (ni el mercado, ni el tiempo, ni la economía, ni la temporada, ni el gobierno, ni el dólar, ni tus vendedores, la corrupción tal vez).

Pongamos un ejemplo. En tu negocio cada vez estás vendiendo menos y estás perdiendo los pocos clientes que tenías.

Por un lado, ¿Qué deseas lograr? Y por otro ¿Cómo detectas qué está limitando el crecimiento de tu negocio? Ya que si no conoces el problema, menos vas a conocer cómo arreglarlo.

Que tal, por decir algo: incrementar mis utilidades en un 100% en los próximos 6 meses.

¿Por qué tus clientes no te están comprando?

Qué tal si les preguntas, ¿No quieres hablarles, porque te da miedo descubrir que tu mayor temor es verdad y le están comprando a alguien más? ¿No tienes la confianza suficiente con ellos para preguntarles eso? Esa es sin duda una creencia limitante, un miedo, un bloqueo de tu mente, primero un miedo al rechazo, ya que tú los has tratado con tanto cariño y excelente atención y te dolería mucho enterarte que te han traicionado y se han ido con otro proveedor, sin apreciar todo lo que has hecho por ellos. Te duele y aflige tanto, que prefieres no saberlo.

Pues racionalízalo y entiende que lo peor que puede pasar es que no te digan y te quedes exactamente igual a como estás ahora, sin saberlo y sin el cliente. Pero, ¿Qué tal si te dicen? ¿Qué tal si lo puedes solucionar y recuperas ese cliente?

Para detectar entonces lo que te limita pregúntate, ¿Qué evita que logre este objetivo? ¿Qué no quiero hacer?

Haz una lista de lo que te limita, respóndela y vas a tener la mayoría de las soluciones.

Ya que hayas respondido (solucionado) tu lista de limitantes, ahora, podrás cambiar el enfoque hacia la parte de negocio (esto se verá a detalle en su momento dentro de esta serie).

¿Cómo logro subir mis utilidades un 100%?

¿Qué utilidad quiero tener exactamente? ¿Qué resultados estoy obteniendo en este momento? (conocer tus números) ¿A cuánto ascienden mis gastos fijos o de operación? ¿Qué porcentaje de ventas estoy cerrando? ¿Cuántos clientes tengo? ¿A cuántos prospectos diarios estoy contactando, cuantos a la semana, cuantos al mes? ¿De qué diferentes maneras estoy prospectando? ¿Cuáles me están dando más resultado? ¿Cuántos prospectos tengo que ver diariamente para lograr mi meta? ¿Qué tanto tengo que subir mis porcentajes de prospectación (así se dice en ventas), de cierre de ventas, de incremento de promedios de ventas, de reventas a clientes actuales o bajar mis gastos fijos? ¿Y cómo hago que suceda cada cosa?

Como puedes ver hay mucho trabajo por hacer, muy bueno y satisfactorio por cierto, pero el tema que nos ocupa "la mentalidad", es el inicio de todo.

Si no resuelves el miedo y bloqueos de presentarte ante quien debes (quien toma las decisiones de comprarte), cuando debes y como debes para conseguir tu venta u objetivo, nada de lo que sigue va a suceder.

Enfócate entonces en detectar que te limita y lograr que deje de ser un problema para tener un negocio de éxito.

1.6 - ¿A dónde te puede llevar, cambiar tus creencias?

A donde tú quieras!!!.

Si logras verte a ti mismo como el que soluciona los problemas, el que planea y ejecuta sin miedo; las demás personas desearán seguirte, desearán imitarte, desearán trabajar contigo y con tu empresa.

Empresario igual a solucionador de problemas, y cree esto: la gente está muy dispuesta a pagar para que alguien más solucione sus problemas.

En el momento en que tú tengas una creencia positiva de ti mismo, de maneras inesperadas se te van a presentar oportunidades de negocios, de nuevas amistades, de lograr lo que siempre has deseado. Y eso ¿por qué? Porque al no tener esas creencias que te limitaban, todo tu ser atrae solo cosas positivas y gente positiva a tu vida.

Por lo contrario, seguir con creencias limitantes es seguir igual o peor a como te encuentras hoy.

Piensa que lo peor que te puede pasar o el peor de los casos es en el que te encuentras en este momento, sin intentarlo, porque ahí ya perdiste.

Quien deja que los miedos controlen su vida, vacila delante de las oportunidades, y estas por supuesto, no van a esperar y van a desaparecer.

Si seguimos concentrándonos en lo malo que nos pasa, es lo que vamos a tener la mayor parte del tiempo en nuestra mente, y por ende son los resultados que vamos a seguir recibiendo. Concéntrate en lo que quieres tener, en lo que quieres mejorar, ya que por alguna razón desconocida, las cosas en las que te enfocas tarde o temprano van a llegar a ti.

Retomando el ejemplo anterior, de que quieres incrementar tus utilidades en un 100% en los próximos 6 meses.

Si lo planteamos desde el punto de vista en el que has resuelto tus creencias limitantes, ahora te puedes enfocar en armar una escalera de éxito o una escalera de trabajo calculada y convertir tu negocio en una ciencia.

Hablando solo de la parte de prospectar, ya no te da miedo prospectar (porque no te asusta el rechazo), bueno ahora detectamos de cuantas maneras diferentes estamos prospectando y nos aseguramos de lograr al menos 10 formas diferentes de captar clientes (Directorio telefónico, Pagina web, Correo directo, Redes sociales, Llamadas en frío, Vendedores, Telemarketing, Alianzas estratégicas, Networking ,Artículos promocionales, Sistemas de Referencias, Tarjetas de Negocios, Anuncios en Revistas y periódicos, Radio, Tv, Anuncios en Transporte Público, Patrocinio, Espectaculares, y una larga lista de opciones para captar prospectos) y vamos midiendo los resultados y perfeccionando cada una de estas.

Por ejemplo si es llamar en frío, empezamos a hacer nuestros guiones de llamadas y nuestra lista de objeciones con sus respectivas mejores respuestas, etc.

Detectamos el promedio exacto de clientes nuevos que estamos obteniendo (tasa de cierre), los márgenes, utilidades brutas y cuanto se requiere para llegar a la meta sobre la que estamos trabajando.

Aunque todo esto lo veremos a detalle resumido y práctico, primero Dios, en las próximas entregas de esta serie, te lo comento a grandes rasgos, para que sepas que tu negocio se puede dividir en fases, y cada fase se puede controlar para lograr los resultados deseados.

Lo que quiero es que te quede muy claro, que cambiando tus creencias limitantes, que venciendo tus miedos, puedes lograr demasiado.

¿Qué tanto crees que vale la pena el esfuerzo? ¿Estás dispuesto a hacerlo?

1.7 - Tus creencias, tú mismo

Por naturaleza, casi todas las personas tratan de imitar lo que hace la mayoría; no se quieren sentir diferentes o raros.

La idea de eliminar las creencias que te limitan es que seas tú mismo, no una copia de alguien más. Tu negocio debe ser único, debe diferenciarse de todos los demás, porque no deseamos competir por precio con nadie, y la única manera de lograr esto es siendo único y diferente del resto.

Recuerda que tus pensamientos son la base de lo que haces y de los resultados que tienes, así que si logras ser único en tu forma de pensar, puedes esperar que tus resultados sean únicos también, que de hecho es el objetivo que buscamos.

1.8 - Otras maneras de fortalecer la mente y cambiar nuestras creencias limitantes.

Definitivamente la lectura.

Lee sobre el tema que te interesa desarrollar; tratar de descubrir el hilo negro otra vez es una gran pérdida de tiempo y energía y de hecho es una de las creencias que nos limitan.

Muchas personas ya han pensado y escrito sobre el tema de tu interés y leyéndolas puedes dar saltos de información hacia tus metas y objetivos.

Comprende lo que te limita. Cuando logres entender el miedo que te detiene de lograr tus metas, casi lo habrás resuelto. Investiga sobre este todo lo que puedas, racionalízalo, pregúntate y respóndete, explícale a tu mente porque es un miedo infundado y por qué vale la pena quitarlo de tu vida (veremos esto a detalle más adelante).

Haz una lista de libros o foros en Internet sobre el tema que deseas fortalecer; tómate el tiempo necesario para hacer crecer tu manera de pensar y ver las cosas sin lo que te limita.

Hablar con otras personas. Personas que tengan los mismos intereses que tú. Evita a las personas negativas, críticas y quejumbrosas, eso es como una enfermedad contagiosa que debes evitar a toda costa.

Sobre el hablar, solo te advierto tener mucho cuidado de contar a otros los planes y metas que tienes, te digo hablar sobre el tema en general, para tomar ideas positivas, más no entrar en detalles sobre lo que deseas hacer y como lo deseas hacer.

No olvides que lamentablemente estás rodeado de personas que te pueden dañar y lo peor es que muchas desean hacerlo.

Dicen por ahí que hay tres cosas de las que debes evitar hablar (aunque deben ser más de tres, empecemos con estas) sobre tu vida privada, sobre tus ingresos y sobre tu próximo proyecto

Tomar cursos. No te limites en tu crecimiento mental y emocional, toma todos los cursos que te sean posibles de diferentes temas, que te ayuden a ser una persona más equilibrada y fuerte mentalmente.

Recuerda lo que buscamos hasta este punto: identificar las creencias que te limitan y reprogramar tu mente, creando nuevas creencias que te lleven al éxito.

1.9 - En que, sí debes creer

En ti mismo, en que es posible cambiar tus creencias limitantes, en que puedes cambiar tus malos hábitos por buenos y excelentes, en que es posible crear un negocio exitoso, en que tú eres lo suficientemente bueno para lograr todos y cada uno de los objetivos que te propongas, en que puedes adquirir los conocimientos necesarios, en que puedes vencer tus miedos a hablar en público, en que puedes llegar a disfrutar tu negocio, en que este (tu negocio) te va a dar el dinero y todo lo necesario para tu vida, en que todo lo que otra persona puede hacer tú puedes hacerlo mejor, en que puedes soportar mil veces que te rechacen con tal de conseguir una venta o un proyecto que valga la pena, en que puedes conseguir clientes fieles y de calidad, en que puedes desarrollar ese producto que deseas, en que eres tan inteligentes y de hecho mucho más que cualquiera que conozcas, en que nada puede detenerte de conseguir lo que quieres.

En que es posible convertir tu negocio en una máquina de hacer dinero, sin que tú tengas que estar ahí, creando una maquinaria de ventas y marketing casi automática. En que manejar un negocio exitoso es una ciencia, un proceso, que solo necesitas aprenderlo. Y si no me crees ¿Por qué crees que las franquicias tienen tanto éxito?

Dime ¿Qué te hace falta para creer esto y más? ¿Te falta un brazo? ¿Las piernas? ¿Un pedazo de cerebro?

Cree esto y no desees que sea fácil, desea que sea muy difícil, para que en el camino, te fortalezcas y crezcas más de lo que esperas.

Sorpréndete a ti mismo y a los que te rodean logrando tu potencial, ese que tus miedos, tienen en una prisión imaginaria, de la cual tú tienes la llave.

Si crees en ti, todo es posible, porque creerlo es el primer gran paso.

1.10 - Conocer las creencias de quienes me pueden ayudar a lograr mis objetivos.

Debes saber, que así como es muy importante identificar tus creencias limitantes y creer en ti, es también necesario identificar las de tus prospectos, clientes, proveedores, empleados, etc. Bueno, lo que creen terceras personas e influye en que tu negocio sea exitoso o no.

Por poner un ejemplo hablemos de clientes, el hecho que a la gente en general (incluyéndote a ti) no le gusta, que le vendan, aunque le encanta comprar.

Sí, en cuanto el subconsciente de una persona siente que le intentas vender algo, en automático se siente incomodo y por ende se pone a la defensiva.

Seguro te ha pasado que entras a una tienda de ropa y empiezas a ver las camisas, playeras o lo que sea de tu interés, estás muy feliz y relajado y de repente se te acerca un vendedor de la tienda, lo ves de reojo, te sientes incómodo y algo disimuladamente te vas retirando, e incluso en ocasiones mejor te sales de la tienda, aun cuando ya tu esposa, te dijo, que la camisa que traes es la última buena que te queda. Pero has llegado a ese punto de tener solo esa camisa buena, ¿porque crees? Porque siempre que vas a la tienda, sientes que te quieren vender y tu subconsciente te hace salir de ahí casi corriendo e incómodo; y por tanto, no hubo el color que buscabas, la talla o la tela.

Qué tal si el negocio ya lo detectó y el vendedor experto crea un ambiente en el que la gente quiera comprar. ¿Crees que ese negocio tendrá problemas como los otros que dicen que las ventas están malas? ¿Será que en alguna temporada la gente deje de comprar ropa? ¿Tendrá que ver con no conocer lo que creen los clientes?

Bueno, otro ejemplo. Tus clientes no compran un producto, compran soluciones.

Si logras resolver ¿Qué es lo que quieren tus clientes? No tendrás que preocuparte incluso por si tu producto es muy caro para este, ya que le estás dando el valor real que él está buscando y por el que está dispuesto a pagar.

Por poner algunos ejemplos de lo que tus clientes buscan: Los clientes quieren tener más tiempo libre, quieren evitar que los roben, quieren tener mejor imagen, quieren verse sofisticados, quieren incrementar sus ventas, quieren ser más productivos, quieren quedar bien con sus jefes, quieren hacer negocios con sus amigos.

Debes también conocer lo que tus empleados desean y a lo que aspiran, y saber cómo puedes tu ayudarles a lograr sus objetivos.

Igual con tus proveedores, accionistas si los tienes, y demás implicados con tu negocio.

Entiende que hacer negocios es entender cómo puedes ayudar a otras personas con tu producto o servicio, cuando logres hacer eso, tu negocio será exitoso sin duda alguna.

1.11 - ¿Y ya con esto puedo ir a conquistar el Mundo?

Casi, pero aún no, espérate tantito.

Nota importante: El miedo es algo natural en nosotros, todos tenemos miedo de algo.

No esperes que por escribir tus afirmaciones, prepararte mucho, creer en ti, etc. el miedo va a desaparecer por completo, no, lo que intentamos hacer es mitigarlo, evitar que te paralice, utilizarlo a tu favor y entender de una manera muy racional, citando de Jack Canfield y Alice Wheaton que "Todo lo que deseas está al otro lado del miedo".

Tú deseas ser una persona exitosa, tener un negocio que refleje esa personalidad tuya, por lo que vale la pena pelear contra el más grande de los adversarios que puedes tener... tú mismo.

Puedes estar seguro que lo que deseas está a tu alcance, pero para poder hacerlo posible, hay que detectar lo que nos bloquea, quitarlo de ahí y en su lugar colocar algo que nos ayude a tomarlo.

1.12 - Conclusión del Capítulo

¿Has notado la importancia de tener una mente fortalecida?

Tú debes tener la capacidad de soportar mental, económica y emocionalmente el peso de tu negocio. Eres la columna que sostiene todo. Debes tener la capacidad de inspirar, impulsar y dar energía a tus empleados y a ti mismo cuando sea necesario (o sea todo el tiempo).

¿Cómo podrías hacerlo si eres mentalmente débil?

Es muy importante que tu seguridad personal se transmita a tus empleados, a tus proveedores, a tus accionistas, a tus prospectos y clientes, para que ellos se sientan seguros y confiados de trabajar contigo. En caso contrario se irán con tu competencia.

Cambiar tus creencias y eliminar lo que te limita es la mejor manera de prepararse y tener una base de trabajo fuerte.

CAPITULO 2 - ENFOQUE

¿Qué diríamos que es Enfoque?

La real academia española, en sus varios significados que contiene sobre la palabra enfocar, nos da la idea de aclarar la visión sobre una imagen ó un objeto. Que algo se vea claramente. Que sea lo principal entre lo que se encuentra.

Para nuestro estudio, vamos a decir que es: *mantener nuestra mente ocupada en un claro objetivo que nos interesa.*

¿Cuál es ese objetivo que nos interesa?

Lograr crear un negocio exitoso.

Que de hecho, tan solo decir "negocio exitoso" puede tener significados diferentes para cada uno de nosotros, y podemos empezar a pensar en todo lo que implica: ganar dinero, tiempo para la familia, vacaciones, menos preocupaciones, un fraccionamiento exclusivo, que mi mama se sienta orgullosa de mi, etc.

A lo que voy, es que cada cosa, nos puede hacer mucho ruido, y puede provocarnos perder de nuestra mente el objetivo principal que nos interesa.

De ahí la importancia del enfoque. Deseamos hacer tantas cosas, muchas veces al mismo tiempo, que no nos concentramos en ninguna de estas, entonces caemos en el error de empezar algo y antes de terminarlo, empezar otra cosa y así sucesivamente.

Al tiempo, tenemos muchos proyectos, muchas metas empezadas, pero nada terminado, nada solucionado, al final: nada de nada.

Esto ahora nos dice algo: Enfocarse es tan importante, que si no lo hacemos, no vamos a lograr NADA.

Lo repito, para que pongamos esto en nuestra mente consciente (enfoquemos): *Si no te enfocas, no vas a lograr nada, si te enfocas, lograrás casi todo lo que desees.*

Entonces, si las respuestas son las soluciones, y soluciones son lo que estamos buscando, empecemos haciendo preguntas.

2.1 - ¿En serio es tan fácil desenfocarse?

Recordemos esos bellos tiempos en los que nuestra muy querida madre nos mandaba a buscar algo: hijo tráeme tu camisa del uniforme para ponerle el botón que te quitaron por andar de "pelionero" (ejemplo improbable).

Ahí vamos nosotros, corriendo a obedecer a la chancla, perdón, a nuestra mamita.

Vemos a nuestro alrededor y está lleno de cosas, buscamos aquí, no está, buscamos allá, menos está, buscamos por todos lados y pues no, no encontramos nada; en eso un grito nos hace pegar un no tan ligero brinco: "Te pica, ¿estás ciego o qué? Si fuera un animal ya te hubiera mordido" (bueno, ¿pica o muerde?), ah tiempos aquellos, bellos recuerdos..., perdón, ¿de que estábamos hablando?

Lo que me acaba de pasar es que me desenfoqué.

Fue muy fácil, porque me sentí muy feliz de recordar esos bellos tiempos.

Mi cerebro prefirió en este caso recibir un poco de dopamina, recibir un poco de felicidad, en vez de forzarse a pensar que ingratos pongo aquí que suene inteligente.

Tal vez tú también te quedaste pensando en un recuerdo y dejaste por un momento de lado lo que hacías (tu interesante lectura).

Gracias a Dios aún tengo a mi madre, aunque ya no me grita, ni me ejecuta con la chancla, ahora el grito más común que escucho es: "Viejo, vente a comer... no voy a estar esperando todo el día"... y la chancla, de mi muy amada esposa.

Podemos decir sin temor a equivocarnos que en cualquier actividad que estemos realizando, si no tenemos una disciplina de enfoque, la mayor parte del tiempo lo gastaremos en lo que nos distraiga.

Tal vez si es un trabajo de tipo mecánico, no haya mayor problema, pero dios nos libre si es un trabajo que implique pensar y no digamos pensar profundo.

Ahora imagínate tú, que deseas hacer una obra de arte de tu negocio o empresa ¿Cuánto enfoque necesitas? ¿Qué tan importante te parece?

2.2 - ¿Sobre qué debo enfocarme?

En nuestro concepto de enfoque, mencionamos "mantener nuestra mente ocupada en un CLARO objetivo que nos interesa".

En la sección anterior que hablamos del recuerdo, ¿por qué no encontrábamos la camisa del uniforme?, porque no enfocamos nuestra vista donde debíamos; no logramos aclarar el objetivo que nos interesaba.

Había muchos objetivos que nos distraían del principal. Tal vez si en el lugar solo hubiera estado la camisa, la hubiésemos enfocado a la primera.

En la ardua labor de construir un negocio de éxito hay demasiadas cosas implicadas, asuntos legales, contables, administrativos, clientes, proveedores, gobierno, productos, importaciones, marketing, etc.

Y si no estamos acostumbrados a distinguir las actividades más importantes de las que no lo son tanto, e incluso si estamos haciendo actividades que solo nos quitan el tiempo o distraen, vamos a tener muy serios problemas.

Entonces, debemos tener CLARO, lo que necesitamos hacer en este día, en este momento *para avanzar hacia nuestro objetivo.*

Por ejemplo, establecer metas concretas de clientes y productos a vender, definir que estrategias vas a utilizar para lograr dichas metas, entender cómo vas a ir midiendo y calificando los resultados del trabajo realizado, para saber que estás caminando hacia tu objetivo.

Desglosar cada meta y actividad al punto de saber si cada paso que das te está llevando a tu objetivo actual y este a tu objetivo global, es básico para no estar golpeando al aire en nuestros esfuerzos o gastando recursos de manera innecesaria.

Enfócate en los pasos que tienes que dar para lograr lo que deseas, enfócate en identificar claramente lo que necesitas para lograr eso, enfócate en identificar donde puedes conseguir eso que necesitas, de quien lo puedes conseguir, cómo lo vas a conseguir, cuando lo tienes que conseguir, que tan importante es cada cosa para cumplir, si necesitas algún conocimiento cómo puedes adquirirlo o comprarlo, etc.

En pocas palabras, aclara ese punto al que deseas llegar y mueve tu vista hacia donde te encuentras poco a poco, para ver desde tu perspectiva los pasos necesarios; calcular cuantos pasos necesitas dar y de que tamaño deben ser estos.

2.3 - ¿Cómo puedo enfocarme?

Dicen por ahí que las listas son compañeras de los listos.

Con tantas actividades pendientes, y otras muchas en curso, es casi imposible trabajar solo con la memoria. Es muy necesario tener un sistema de control de actividades, una lista de pendientes ordenados por prioridades.

Ya sea gratis, o en tu tienda favorita hay innumerables aplicaciones que te ayudan al respecto. O si eres a la antigua usanza, pues toma una hoja en blanco y empieza a escribir todas las actividades pendientes que tienes que empezar o terminar.

Pon al inicio de cada actividad una casilla de verificación (checkbox ó cuadrito) para que vayas marcando las que vas realizando o pon una raya, de manera que identifiques claramente las que están aun sin realizar.

Pon una segunda marca (puede ser un circulo) para marcar las actividades que son muy importantes.

La idea es que con solo una mirada sobre tu lista, puedas identificar, las actividades que son muy importantes y no puedes dejar de hacer ahora mismo, las que ya hiciste y las que están pendientes.

Si no tienes una lista de pendientes vas a estar gastando mucha energía mental en tratar de no pasar por alto algo importante y créeme que esa energía la puedes utilizar mucho mejor.

Pareciera algo muy básico, pero más personas de las que te imaginas van por el mundo sin organizar sus actividades y mucho menos identificar, cuales son muy importantes para lograr sus metas.

Entonces, toma una hoja y pon como primer actividad de alta prioridad: *hacer una lista de pendientes.*

Otra cosa que no podemos dejar de tocar aquí y que nos va a ayudar mucho a enfocarnos es el uso de alarmas para controlar los tiempos.

La disciplina la podemos definir en parte como "Hacer lo que tenemos que hacer, cuando lo tenemos que hacer"; y para lograr una forma de trabajo exitosa es imprescindible ser disciplinado, y aunque somos muy buenos, no somos relojes para estar calculando el tiempo y hora en nuestra mente, por tanto pon alarmas para realizar en el tiempo programado cada una de tus actividades necesarias el día de hoy, para avanzar hacia tus objetivos y metas.

No lo olvides, pon alarmas.

2.4 - Y entonces, ¿Cómo puedo enfocarme?

Logrando la máxima concentración en lo que deseas.

Al aligerar el trabajo de tu mente con tus listas, al tener alarmas, al automatizar en lo posible el mayor número de actividades, y conseguir un entorno agradable y tranquilo de trabajo vas a poder concentrarte en las cosas que realmente son importantes.

¿Cuáles son las cosas realmente importantes?

Las cosas que te acercan o que te mueven hacia tus objetivos.

¿Leer este libro te acerca a tu objetivo?

¿Revisar los mensajes de tu celular cada cinco minutos te acerca a tu objetivo?

¿Tratar de trabajar con tu celular cerca evita que te concentres en tu objetivo?

¿Estás trabajando y se escucha el televisor?

¿La música de los románticos imparables te ayuda a concentrarte o te da sueño?

Detente un momento antes de ponerte a trabajar, observa a tu alrededor, cada una de las cosas que están cerca de ti. ¿Algo te distrae? Quítalo de ahí, si no se puede, quítate tú te ahí.

¿Qué se escucha? ¿Te ayuda a concentrarte o te distrae?

¿Estás demasiado cómodo, que hasta se te quitaron las ganas de trabajar?

Lo que deseas lograr es algo serio, algo grande, y para que en algún momento sea así, tú debes empezar a darle el respeto y seriedad que se merece. ¿Crees que puedes cambiar tu vida o tu negocio trabajado como lo has hecho hasta ahora?

Si quieres cambiarlo es que no te ha dado resultado. Cambia entonces tu actitud, tu entorno, tus compañías, tus creencias. Sé diferente y logra resultados diferentes

Decíamos al inicio de este libro que debemos trabajar con el intelecto, y el intelecto está en nuestra mente.

Qué tanto podamos profundizar en un asunto, va a darle la medida a los resultados que obtendremos.

Por tanto, nuestro trabajo más importante es pensar, pensar con propósito.

Pensar en lo que deseamos lograr y en cómo cada actividad que realicemos influye en el logro de ese deseo.

Pensar en cómo podemos lograr más con menos esfuerzo.

La calidad de tus logros es proporcional a la calidad de tus pensamientos, piensas, haces y tienes resultados de acuerdo a ello.

2.5 - Ya en serio, ¿Cómo puedo enfocarme?

Uno. **Identifica con claridad tu meta principal.**

Citando de Brian Tracy "Practica el pensamiento sin límite". Piensa en tu meta principal, y haz un esfuerzo consciente de no pensar en los obstáculos que puedas tener. Solo piensa en lo que deseas lograr, ya nos ocuparemos de los problemas después.

Debes ser muy específico en la meta que quieres conseguir en este momento y poder explicarla de manera sencilla.

Dos. **Escribe la o las metas.**

Que te quede claro, si no lo escribes no lo vas a conseguir.

La meta debe estar escrita en un enunciado sencillo y claro.

Tres. **Ponle tiempo a tu meta**

Si es una meta a largo alcance, divídela en metas más pequeñas, pero sé específico sobre cuando debes ir logrando cada cosa.

Cuatro. **Lista los pasos a seguir.**

Separa cada meta y haz una lista de los pasos a seguir para lograr cada una, junto con ello pon lo que vas a necesitar extra o adicional para lograrla, si crees que vas a tener obstáculos, cuales son, cómo puedes superarlos.

Al hacerlo así tus obstáculos normalmente van a ser más pequeños, ya que son obstáculos solamente de un paso, no de la meta completa.

Cinco. **Escribe un plan de trabajo.**

Tomas tu lista de pasos y organízala por prioridad en una secuencia de actividades, o sea, qué vas a hacer primero y qué después.

Seis. **Empieza**.

Muchos autores tocan este punto, tienes que dar el primer paso, hacer lo que sea, para que todo se empiece a mover.

Al dar un paso, por inercia, vas a ver el siguiente paso y así sucesivamente.

Siete. **Verifica**.

Todos los días o en cada actividad que vas a realizar pregúntate si esta te va a mover hacia tu meta.

Ocho. **No dejes de hacer algo todos los días**.

Algo relacionado con tu meta u objetivo principal. Como ya sabemos hay demasiadas cosas con la única misión de sabotear nuestro enfoque, algunas de estas cosas no las podemos dejar pasar, pero para no perdernos ni desconcentrarnos de lo principal, tenemos que realizar una o dos tareas diariamente sin excepción relacionadas con nuestra meta; esto nos mantendrá con la mente puesta donde debe estar.

Y no olvides que si mantienes en tu mente tus objetivos, tu subconsciente va trabajar sobre ellos aún mientras duermes.

Como está de moda y suena a que uno se cultiva bastante, cito: "Cualquier meta, no importa lo grande que sea, puede lograrse, si la partes en suficientes pedazos pequeños" – Henry Ford.

2.5.1 - Hablando de metas.

Debido a la importancia de estas en la consecución de nuestro objetivo de crear un negocio exitoso, tocaremos un poco la extensa teoría que existe sobre las metas.

Primero las metas deben ser SMART

S = (Específica) - ¿Quién? ¿Qué? ¿Dónde? ¿Cómo? ¿Cuándo?

M = (Medible) - ¿Cuánto? ¿Qué cantidades?

A = (Alcanzable) - ¿Tengo los elementos para ello? ¿Los puedo tener?

R = (Resultados) - ¿Qué pretendes obtener? ¿Es importante o relevante?

T = (Temporal) - ¿En cuánto tiempo?

EJEMPLO: ESCRIBIR UN LIBRO (Es solo una idea, nada que ver con esto)

Específico: Escribiré un libro sobre la mentalidad necesaria para crear un negocio exitoso, que tenga un mínimo de 120 páginas.

Medible: Escribiré de tres a cinco páginas por semana.

Alcanzable: Primero trabajaré en el manuscrito y una vez que se complete, comenzaré a buscar un editor o explorar la venta en línea.

Relevante: Escribir un libro sobre la mentalidad para crear un negocio exitoso me ayudará a establecerme como un experto en la materia.

Tiempo: Mi libro estará completo y listo para ser publicado en 6 meses.

Meta Smart: Para establecerme como un experto, escribiré un libro de 120 páginas sobre la mentalidad de negocios escribiendo de tres a cinco páginas por semana. El libro se completará en 6 meses, y luego buscaré un editor o exploraré la venta en línea.

Segundo. Las metas deben ser expresadas personales, positivas y presentes.

Esto es, al enunciarlas utilizar el "Yo", en forma positiva y como si ya lo estuvieras logrando.

Ejemplos.

"Yo escribo dos libros cada año"

"Yo nado 4000 metros a fin de año"

"Yo pongo mi oficina en un mes"

Si tomo el segundo ejemplo, ahora aclaro esa meta en base a una serie de preguntas del tipo: ¿Qué debo hacer para lograrlo? ¿Qué problemas voy a enfrentar? ¿Dónde voy a entrenar? ¿Quién me va a entrenar? ¿Cuánto me va a costar? ¿Cómo voy a pagarlo? ¿Cuántas horas al día debo entrenar para lograrlo?, etc.

Si notas, después de establecer una meta tipo SMART y aclararla con las preguntas que se te ocurran al respecto, logras la mayoría de las soluciones necesarias para llegar a esa meta, incluso ya sabrás por dónde empezar y los problemas que enfrentarás.

Caso contrario, si no lo haces así, nada se mueve.

Tomemos el ejemplo tercero.

"Yo pongo mi oficina en un mes"

¿Dónde la voy a poner? ¿Cuánto espacio necesito? ¿Qué presupuesto necesito? ¿Qué muebles necesito? ¿Qué equipamiento adicional necesito? ¿Qué tanto la necesito? ¿Qué resultados voy a obtener al poner mi oficina? ¿ Etc ?.

¿Notas que si tienes la repuesta a esas preguntas, también tienes tu oficina?

Lo que quiero que te quede claro, es la importancia de manejar tus metas y objetivos como SMART, y te repito, si lo haces, sin duda vas a lograr tus objetivos, caso contrario, como dice una canción por ahí "Aquí todo sigue igual".

2.5.2 - Una nota.

Algo mucho muy importante es que cuando empieces una tarea o meta, debes terminarla.

Si no lo haces, le enseñas a tu cerebro inconsciente el muy mal hábito de quitare importancia a las cosas importantes, sí aunque suena un poco a trabalenguas, tu cerebro de por sí con la tendencia a relajarse y ser feliz sin esforzarse mucho, te empieza a crear trabas.

Citando a Brian Tracy: "La terminación de tareas es indispensable para el éxito, y todo lo que interfiere con tu capacidad de [...] finalizar tus tareas, mina tu potencial para el éxito".

Tienes que crear nuevos hábitos que reemplacen los anteriores que no te han funcionado hasta ahora, esto por supuesto requiere de disciplina de tu parte y repetir una y otra vez, pero cuando lo logres, estarás a un nivel muy diferente de las personas que te rodean.

Debes desarrollar y practicar la capacidad de decir no, no a cualquier actividad que te lleve en una dirección diferente a conseguir tus objetivos. Convierte en un hábito el continuamente preguntarte ¿Lo que estoy haciendo en este momento me acerca a mis objetivos?

Lograr tener un negocio de éxito, solo es posible con hábitos de éxito.

2.5.3 - Una tarea a la vez.

Es muy importante en tu práctica de enfoque realizar una tarea a la vez y no dejar esta hasta terminarla.

Eso sin duda requiere una gran esfuerzo y disciplina de tu parte, porque te van a llamar mil cosas diferentes, incluso tu inconsciente te va a decir que te relajes, que mereces un descanso, que luego le sigues, pero si no escuchas esa voz interior, vas a desarrollar buenos hábito que son esenciales en tu éxito: disciplina, carácter, equilibrio mental, fuerza de voluntad, determinación, concentración y lograr enfoque.

Cree cuando te digo que esas características son lo que hace grandes a las personas, y eso, grande, es lo que tú debes ser en tu mente para crear algo grande.

2.6 - ¿Qué puede desenfocarme?

Casi cualquier cosa te puede desenfocar: el celular, un ruido extraño, una preocupación, tu novia, tu esposa, el amor, el odio, la crítica, el estrés, el miedo, el cansancio, tu propia mente saboteadora, una mosca volando, una pequeña hormiga puede desenfocarte y hacer que tu mente pierda de vista la actividad importante para tu objetivo global que estés realizando en este momento. Y te transporta (tu mente) a otro sitio, a otro tiempo o al muy mal hábito de soñar despierto, que no ayuda en nada pero, ¡como quita el tiempo!.

De hecho lo realmente difícil es aprender a mantenerte enfocado.

Te reitero, es muy importante que termines cada una de las actividades que inicies, para enseñarle a tu cerebro la disciplina necesaria para conseguir tus metas.

Enfocarte en lo que tú deseas requiere mucha práctica como si se tratase de un músculo que debe ser entrenado y tiene que ser de manera consciente, hasta que se convierta en un hábito positivo.

Y como un músculo, duele mientras lo entrenas; tal vez, termines el día agotado mentalmente, pero cree que si lo logras, vas a estar en un nivel muy diferente al actual y también los resultados de ese nuevo tú, serán definitivamente nuevos y definitivamente grandes.

¿Sabes que hacen las personas de éxito, cuando no tienen ganas de trabajar en sus objetivos?

Trabajan en sus objetivos de todos modos.

Tienen lo que tú y yo debemos desarrollar para triunfar: autodisciplina.

Trabajar y ser productivos aunque no tengamos ganas de hacerlo, aunque no estemos inspirados, aunque estemos cansados.

La autodisciplina es trabajar de manera consciente, en lo que sabemos es bueno para nosotros y nuestros objetivos, trabajar racionalmente, no emocionalmente.

Sí, dejarte vencer por las cosas que te desenfocan (tu ya las conoces) es dejarte vencer por ti mismo, por tu ser conformista; el que ha fracasado, el que así quiere que sigas.

¿El que así quiere que siga?, pero ¿por qué sería eso?

Por miedo.

¿Estás cansado de ponerte metas u objetivos y fracasar en el intento?

Cámbialo entonces... depende de ti.

2.7 - Enemigos del enfoque

Ya en el apartado anterior mencionamos una lista de enemigos del enfoque; de cosas que nos pueden desenfocar.

Muchas de estas son evidentes, pero hay otras que no lo son tanto, e incluso otras que no deseamos aceptar que nos desenfocan.

Mencionemos algunas de ellas y seamos abiertos de mente al respecto.

Compañías. Como somos seres sociales, sin duda necesitamos la compañía de amigos, familiares y otras personas.

Pero siendo honestos, la mayoría de ellos no comparten nuestra visión de negocio, de trabajo, de futuro.

Tal vez te toque callarte lo que haces, o dar una explicación incompleta de a que te dedicas, para evitar burlas y comentarios ingeniosos de alguien que no lo comprende, pero que te cae muy bien y lo aprecias.

Hace unos días me encontré con un conocido en uno de los negocios que tengo y me preguntó que además de eso a que me dedicaba en ese momento, yo hice una pequeña pausa, para pensar mi respuesta, y bueno, me pareció apropiado decirle lo que estaba haciendo en ese momento, "Ahora estoy escribiendo un libro", le dije.

Después de eso, de vez en cuando (a cada rato para mí), hablaba o decía algo y lo terminaba con la frase "para que escribas un libro sobre eso".

De ninguna manera, vayas a pensar: "tonto ignorante", ni nada parecido de esa persona. Solamente sucede que somos personas con mentalidades diferentes, y las cosas que para algunos de nosotros son importantes, para otros no lo son, y esas diferencias deben ser respetadas e incluso atesoradas.

Eso es parte del crecimiento de nuestra mentalidad de éxito.

Pero bueno, si me encuentras por la calle y me preguntas a qué me dedico, te contestaré que hago un poco de todo, desviaré la conversación y tal vez te cuente un chiste.

Regresando a nuestro tema, los comentarios que hacen nuestros conocidos, familiares y amigos, pueden desanimarnos un poco, pero como hemos dicho, si tenemos claro el gran objetivo que queremos lograr, ni eso, ni nada nos va a desenfocar.

La pareja. Ya saben lo que dicen, de que no se puede tener todo en la vida; muchas veces (no todas claro), nuestra pareja, no comparte nuestra mentalidad, ni nuestros planes, y todos los días parece que tenemos una lucha con esa persona. El jalar a direcciones opuestas, inevitablemente nos va a cansar en algún momento y ser un disparador que nos desenfoca.

¿Qué podemos hacer?

Difícil pregunta. Pero si eres de los que pueden separar su vida personal de su vida laboral ¡ya la hiciste! Porque eso no te va a afectar mucho.

Si no lo puedes hacer y ya estás casado, pues búscate una oficina o un lugar donde puedas dar rienda suelta a todo tu intelecto, sin nadie que te diga nada.

Si eres soltero, sé consciente de que es muy difícil que una persona cambie lo que es, solo por que se case contigo.

Aunque este libro se basa precisamente sobre la creencia de que todos podemos cambiar lo que somos, también se basa en el hecho de que para que alguien logre esos cambios, debe tener el deseo de hacerlo, un deseo bien fundamentado que no cambie con el tiempo. Caso contrario, también en algún momento esa persona se va a cansar de fingir de hacer cosas que no le gustan.

Entonces, pues qué lástima, vas a tener que dejar a tu despampanante novia y te toca buscarte una más feíta, pero recuerda, "también las chicas feas tiene corazón".

No es cierto, aún no arrojes el libro!!.

Lo que quiero decirte aquí, es que debemos estar preparados, a que las personas más allegadas a nosotros sean una gran fuente de desenfoque, y si es así debemos hacer nuestra lista de preguntas SMART, para encontrar una solución que nos permita seguir hacía nuestros objetivos.

Malos hábitos. O tú mismo.

Si aún no lo has visto, va a haber un capítulo completo sobre los hábitos, así que aquí no profundizaremos demasiado.

Seamos conscientes que generalmente el mayor saboteador de nuestros planes, no son las compañías, amistades, pareja, etc.

El mayor saboteador eres tú mismo.

Y una de las mejores armas del saboteador son los malos hábitos:

Televisión, desvelarte, no hacer ejercicio, no alimentarte bien, videojuegos, redes sociales, ser desorganizado, muchas salidas sociales, etc.

Entonces regresemos a nuestro punto: ¿Cómo vas a tener grandes ideas si no has dormido bien varios días? ¿Cómo trabajar con energía si tienes tu vista cansada? ¿Si tienes un hueco en el estómago? ¿Si cada 5 minutos vas a ver quién te escribió un mail, un Whats, o quien publico en Face? ¿Cómo si en vez de trabajar te la pasas al teléfono hablando con los amigos? ¿Cómo lograr lo que deseas si te la pasas de fiesta?

57

Ahí te va lo de la galletita:

Trabaja mientras otros duermen,

Estudia mientras otros se divierten,

Persiste mientras otros descansan, y

Luego vivirás lo que otros solo sueñan

Deja ya los hábitos de conformismo y autosatisfacción, y muy pronto vas a empezar a ver los buenos resultados.

2.8 - Amigos del enfoque

Compañías. Aunque hablábamos de que muchas compañías pueden ser negativas en el desarrollo de tu mentalidad de éxito, las compañías apropiadas también pueden ser muy positivas y ayudarte a conseguir un alto nivel de enfoque.

Busca personas con los mismos intereses que tú, dales algo que los beneficie y pide lo que necesites para mantener tu enfoque y caminar hacia tus objetivos.

En los cursos de entrenamientos de negocio, generalmente se te asigna un compañero, donde ambos van a estar pendientes uno del otro de que estén avanzando hacia sus metas, que cumplan sus tareas, y se mantengan enfocados. Si tienes la oportunidad de tomar un entrenamiento de este tipo, te lo recomiendo ampliamente.

Organización y planeación. Hay un orador que utiliza en sus conferencias la frase "La disciplina en algún momento va a vencer a la inteligencia", y puedes estar seguro de eso.

Si una persona muy inteligente no es organizada, ni disciplinada, solo es cuestión de tiempo para que las cosas le salgan mal; por lo contrario, una persona disciplinada, será capaz de corregir lo que se le dificulte y le cause problemas y también es cuestión de tiempo, para que todo le salga bien.

Comer bien y cuidar de tu salud. No podemos hablar de conseguir el éxito sin tocar el tema de un cuidado adecuado de tu cuerpo y de tu mente.

Aún si has conseguido mucho dinero, si no tienes una buena salud, habrás fracasado, ya que nada puede pagar el que tú estés bien.

¿Para qué conseguir mucho dinero, si ya no puedes ni irte de vacaciones? ¿Si ya no puedes comer lo que te gusta? ¿Crees que el dinero te va a sustituir delante de tu familia?

La clave es lograr un equilibrio entre tu vida laboral y tu vida personal, que te permita disfrutar de lo que consigas con las personas que amas.

Define un horario de trabajo, de comida sana, de descanso reparador, de ejercicio, de meditación o relajación, de escuchar música, etc.

Elimina también hábitos que dañen tu mente como la pornografía, violencia extrema, juegos sangrientos, drogas, vicios, críticas, etc.

Se trata de buscar paz interior, por lo que hay que eliminar todo lo que detectes que te la roba y por tanto, te roba también el enfoque.

2.9 - Conclusión del Capítulo

Me parece que logramos entender lo importante que es mantenernos enfocados en el proceso de lograr nuestra meta de fortalecer nuestra mentalidad y conseguir nuestros objetivos de negocio.

No podemos evitar totalmente las cosas que nos hacen perder la concentración de nuestros objetivos, pero tienes que llegar al punto en el que volver a enfocarte sea sencillo.

Cierta empresa española hizo un estudio en su área de programación de sistemas, y concluyó que los programadores perdían la concentración en tan solo un instante y para volver a llegar al punto de enfoque profundo del que fueron sacados, les llevaba cerca de media hora.

Y si tu tipo de trabajo te dificulta volver a enfocarte o lograr una concentración profunda rápidamente, pues toma las medidas necesarias para evitar perder tu concentración: Crea un entorno apropiado para tu trabajo, no tengas cerca el celular y si lo requieres, ten la fuerza de voluntad necesaria para no estar revisando correos o redes sociales.

Habla con tu familia y compañeros y pide amablemente que te respeten tus horarios de trabajo en lo posible.

Sin menospreciar ningún tipo de trabajo, si no te enfocas, solo puedes aspirar a trabajos de tipo mecánicos; nada que requiera trabajar profundamente con el intelecto y resolver problemas.

Lo que ha sido creado, se creó en la mente de alguien que supo enfocarse.

Si tú quieres crear, es entonces indispensable que sin pretexto alguno, domines el arte de la concentración y del enfoque.

CAPITULO 3 – HABITOS

¿Por qué hablar de los hábitos? Los hábitos están en un punto medio entre nuestras creencias y los resultados que obtenemos. Son el puente que logra conseguir buenos resultados, siempre y cuando transporten las creencias de manera positiva y productiva.

Están muy ligados a nuestras creencias, ya que generalmente si nuestras creencias son buenas, tendremos buenos hábitos.

Entonces, ¿Qué es un hábito?

"Un acto que tomamos por costumbre, una acción que alguien realiza tantas veces que se hace hasta sin pensarse".

"Interiorizar una acción de una forma natural hasta el punto de que se convierte en una actitud espontánea".

Los hábitos están ligados a nuestro subconsciente, ya que repetimos algo tanto, que eso se va a una parte de nuestro cerebro, ganglio basal según los que saben, el cual se encarga de las funciones automáticas aprendidas (pues los hábitos son aprendidos) y al momento que necesitamos esa acción, aún si no la pensamos conscientemente, nuestro cerebro la realiza.

Los hábitos pueden ser positivos o pueden ser negativos.

Ejemplos de hábitos negativos pueden ser el sedentarismo, comer muchos dulces y algún vicio.

Hábitos positivos pueden ser realizar deporte, tomar mucha agua y la lectura.

En la preparación de nuestra mente hacia su fortalecimiento para lograr un negocio exitoso, son de primordial importancia, ya que si tenemos acciones en automático (hábitos) que sean positivos, nos costará menos trabajo, menos energía y recursos conseguir nuestros objetivos.

Caso contrario, nosotros mismos estaremos saboteando nuestros avances todo el tiempo.

Entonces resaltemos que los hábitos son costumbres aprendidas, y al ser así, los podemos cambiar o adquirir nuevos hábitos que vayan alineados a nuestros objetivos.

Los buenos hábitos son indispensables en nuestra preparación.

3.1 - ¿Por qué son importantes?

Porque tienen que ver directamente con las acciones, con lo que hacemos o no hacemos para lograr algo.

Los hábitos existen en todos los aspectos de nuestra vida y tienen que ver con nuestros pensamientos, con nuestra alimentación, con nuestro descanso, con nuestras relaciones, con nuestro trabajo y con casi todo lo que se nos pueda ocurrir.

Están muy ligados a nuestros resultados; el que los resultados sean buenos o malos depende en gran manera y directamente, de si nuestros hábitos son buenos o malos.

Se les ha llamado "la fuerza de la costumbre", porque aún sin darnos cuenta, ya estamos haciendo algo diferente a lo que deseamos. Esa fuerza por así decirlo nos movió o desvió de la dirección a la que se movía nuestra mente, la dirección que nosotros requerimos para lograr nuestros objetivos.

Y nos hacen perder tiempo, energía y recursos, porque nos roban el enfoque.

¿Notas la importancia de los hábitos?

Si los convertimos en nuestros aliados, en vez de que nos roben el enfoque, pueden ayudarnos a trabajar con menos esfuerzo mental.

Dependiendo de los hábitos que vayamos mejorando o cambiando, nos sentiremos con la energía suficiente para trabajar y repartir, con buena salud y hasta con paz.

Por ejemplo:

65

Toma un vaso de agua al despertar y mantente bien hidratado en el día.

Haz treinta minutos de ejercicio al día.

Ten siete u ocho horas de descanso cada noche.

En ninguna comida comas en exceso.

Come verduras antes que carnes o alimentos procesados.

Aparta tiempo para alguna actividad personal relajante todos los días.

Hazte un chequeo médico una vez al año.

Porque si no estás bien hidratado, bien ejercitado, bien descansado, bien alimentado, bien relajado y saludable ¿Cómo esperas rendir a un nivel de éxito?

Así como no le podemos pedir peras al olmo, no le podemos pedir resultados extraordinarios a un cuerpo y mente desgastados por los malos hábitos.

Dicho esto, creo que queda claro: buenos hábitos = buenos resultados.

3.2 - ¿Cómo aprovechar positivamente los hábitos?

Haciendo que trabajen para nosotros, para el logro de nuestros objetivos.

Si tú tienes un objetivo trazado, tienes que detectar que hábitos puedes desarrollar que te acerque a este.

Digamos que tengo una meta: "Yo nado 4000 metros a fin de año"

Bueno, faltan 11 meses para fin de año, si ya sabes nadar y digamos ya nadas unos 600 metros de seguido y con técnica es posible lograr esa meta con un buen plan de trabajo.

¿Qué tendrías que convertir en hábitos para lograr esa meta? Considera que lo vamos a hacer solamente como un hobby entre nuestras actividades diarias.

Qué te parece nadar 2 horas diariamente de 6 - 8 am, eso te va a dar la resistencia que requieres.

Correr 30 minutos diariamente, tal vez después del trabajo, va a fortalecer tus piernas.

Levantar 15 minutos pesas después de correr va a fortalecer tus brazos.

Comer sano tres veces al día y mantenerte hidratado.

Si tú conviertes esta rutina en un hábito, lo más probables es que logres esa meta en el tiempo señalado.

Además tener la disciplina en tus tiempos y horarios, va a desarrollar otras cualidades necesarias como la persistencia y no rendirte, lo que indudablemente va a ayudarte a lograrlo incluso antes de ese tiempo.

Lo más seguro es que después de que logres esa meta, te va a quedar esa rutina sana como un hábito.

La idea es que dependiendo de la meta que deseas alcanzar, identifiques las rutinas existentes en el proceso que te puedan ayudar a alcanzar esa meta y las repitas tantas veces que se te convierta en un hábito, un hábito sano en este caso ya que te va a ayudar a lograr tus objetivos.

Otro ejemplo, más de negocio.

Meta: "Yo logro hacer presentaciones eficientes a mis prospectos en dos meses"

¿Qué hábitos puedo desarrollar para lograr esta meta y vencer los miedos implicados como el hablar en público?

Qué te parece hacer 2 presentaciones diariamente frente a un espejo, mirándote fijamente, para acostumbrarte a tener una mirada encima de ti y ver realmente como te ven los demás (no como te imaginas que te ven).

Leer unos 15 minutos diariamente en voz alta, para alimentar tu vocabulario y acostumbrarte a escuchar tu voz.

Hábitos de este tipo, son positivos ya que te ayudan a enfocarte en lo que deseas lograr.

Qué tal si desarrollas más buenos hábitos como poner cada cosa en su lugar después de utilizar, dejar el celular fuera de tu vista mientras trabajas, dejar tu escritorio limpio y ordenado al final de cada día.

Esas cosas aparentemente sencillas, van a lograr que te conviertas en una persona eficiente y productiva en todo lo que hagas, y como resultado innegable, lograrás tus objetivos.

3.3 - Como nos pueden afectar negativamente

Es claro que los malos hábitos nos van a hacer perder tiempo, energía, dinero, clientes, negocio, familia, vida.

Sí, los malos hábitos nos pueden llevar a la misma muerte; hábitos como el comer en exceso, fumar, abusar de las bebidas alcohólicas, etc.

Hablando desde un enfoque de cliente, una persona que fuma mucho y todo el tiempo huele a tabaco, si nos es posible preferimos evitarla al hacer nuestras compras.

Una persona que no tiene el hábito de lavarse la boca diariamente, como clientes también la evitamos. De hecho, si una persona no tiene buenos hábitos de higiene, quítala de tu negocio ya que te está afectando gravemente delante de tus posibles clientes.

Una persona que suele interrumpir, que no sabe escuchar o que habla mucho debe cambiar esos hábitos.

Alguien que tiene el hábito de mentir es una persona en quien no se puede confiar, y aunque sientas que esa persona solo les ha mentido a los demás, con ese mal proceder en ella, solo es cuestión de tiempo y oportunidad para que también te mienta a ti.

Un colaborador que tiene el hábito de la pornografía desarrolla un punto de vista distorsionado sobre el sexo femenino y el respeto que se les debe.

Estos pocos ejemplos nos dejan más que claro la necesidad de identificar nuestros malos hábitos y los de nuestros colaboradores y hacer de inmediato algo al respecto.

Entendemos la idea de cuan dañinos pueden ser los malo hábitos.

3.4 - ¿Cómo cambiar nuestros hábitos?

De manera consciente y con mucho esfuerzo.

Ya que son aprendidos, los hábitos pueden ser desaprendidos, al menos al punto en que dejen de ser un problema.

Dicen los que saben al respecto, que después de adquirido un hábito no puede ser eliminado de manera permanente, pero sí, puede ser sustituido.

Primero debemos detectar el hábito que nos afecta y que deseamos quitar, después, debemos plantearlo como una meta a conseguir.

Después debemos hacer las preguntas SMART necesarias para conseguir esa meta. Preguntas del tipo: ¿Qué detona este hábito? ¿En qué circunstancias? ¿Cómo puedo evitar encontrarme en esa situación? ¿Quién puede ayudarme a vencerlo? ¿Qué malas consecuencias me provoca ese hábito? ¿Qué buenos resultados obtendré al dejar ese mal hábito? ¿Cuál será el precio que pagaré si cedo a ese hábito?

En base a las preguntas SMART, vamos a establecer un proceso diario o lista de pasos a seguir para no encontrarnos en la circunstancia que nos lleve a ese mal hábito.

Es importante racionalizar la razón por la que deseamos quitarnos ese hábito, anclarlo a una razón poderosa de por qué no debemos ya hacer eso.

Escribe tu razón poderosa o razones y tenlas frente a ti. De porque vale la pena el esfuerzo.

Se recomienda buscar el apoyo de un familiar o amigo que conozca nuestro caso para que esté con nosotros en el proceso y revise nuestro avance, preferentemente alguien que no luche con el mismo hábito ya que no buscamos comprensión, buscamos quitarnos de encima algo que nos daña como si de un animal peligroso se tratara.

Algunos hábitos puede que requieran seguimiento profesional.

Recuerda que lo más importante en la eliminación de un mal hábito es la determinación personal.

Ahora busca un buen hábito con el que puedas sustituirlo, preferentemente algo que ya consideres sano y beneficioso para conseguir tus metas.

El mal hábito es destructivo, destructivo para quien lo tiene y para las personas que lo rodean.

Si un empleado no desea o no puede quitarse un mal hábito, tu obligación para contigo mismo, con tus colaboradores y para con tu negocio, es despedir a esa persona, ya que es un lastre que no te puedes permitir en tu camino hacia el éxito.

3.5 - ¿Cómo adquirir nuevos y buenos hábitos?

La mayoría de las veces los hábitos se aprenden de otras personas.

Por lo que si quieres obtener nuevos y sobre todo buenos hábitos, tienes que buscar la compañía de personas que tengan esos que tú requieres tener.

¿Eres impuntual? Júntate con personas que son puntuales y en un corto lapso de tiempo serás de esos puntuales también (Claro, si no te corren del grupo por llegar tarde.)

Esta es una manera de que se nos pegue algo bueno.

Ahora bien, si deseamos crear nuestro proceso de adquisición de hábitos, podemos intentar lo siguiente:

- Identifica el hábito que deseas crear o cambiar
- Escríbelo como meta SMART
- Crea un proceso sencillo con recordatorios y avisos e incluso recompensas.

Ejemplo.

Hábito deseado: "Leer un libro durante 15 minutos mientras voy en el transporte público".

Meta: "Desde mañana leo 15 minutos en el transporte público".

Preguntas: ¿Por qué no lo estoy haciendo actualmente? ¿Qué me ayudará a lograrlo? ¿Qué tipo de lectura será bueno empezar? ¿Cómo evito que se me olvide un libro? ¿Dónde consigo el libro? ¿Qué marcador sería bueno? ¿Etc?

Recordatorio: "Poner una alarma en el celular 15 minutos antes de irme, que me recuerde meter el libro en la mochila". "Poner un mensaje en la puerta que diga: ¿Llevas tu libro?"

Recompensa: "Cada que termine de leer un libro voy a irme a comer a mi restaurante favorito"

Es una idea sencilla para que tengas con qué empezar.

Se recomienda empezar con hábitos sencillos y simples, para que nuestro inconsciente se vaya entrenando al cambio de hábitos, y poco a poco vamos incorporando hábitos más fuertes.

Algo que también es muy efectivo en la lucha contra los malos hábitos, es hacer difícil el mal hábito.

Por ejemplo, si tu mal hábito consiste en tomar mucho refresco, cuando vayas al súper mercado no compres ese tipo de bebidas, compra bebidas sanas del tipo que deseas incluir como hábito. Así cuando te den ganas de tomar tu refresco, te va a ser más difícil hacerlo y vas a terminar tomando lo que hay.

Recuerda que un buen hábito es parte fundamental para que logres el éxito y una secuencia de malos hábitos (ya que nunca vienen solos) es una formula segura para el fracaso.

3.6 - Enemigos de los buenos hábitos

Hay sin duda muchos enemigos de los buenos hábitos, incluso hemos visto que nosotros mismos saboteamos una y otra vez nuestros propios esfuerzos de mejorar.

Pero aquí deseamos resaltar tres hábitos dañinos que son como un lazo que nos atrapa y no nos deja avanzar:

La pereza. Es un término que procede de *pigritia*, un vocablo latino. Puede emplearse para nombrar a la desidia o a la flojera que lleva a las personas a no poner empeño o a no desarrollar ciertas tareas que debería cumplir.

Pereza vamos a decir que es ese deseo de ceder ante un placer más inmediato. Así lo experimenta quien cuando suena el despertador no puede reprimir el deseo de quedarse durmiendo durante más tiempo.

Podríamos escribir al respecto todo un estudio, que hasta pecado se considera, pero dejémoslo más corto: una persona perezosa, no es apta para tener éxito en los negocios (Que decencia la mía) y no me preocuparé más por ella ya que seguramente no leería este libro, aunque le deseo sinceramente que venza ese mal hábito.

Lo que sí, no podemos dejar de mencionar es que hay enfermedades (físicas, mentales, emocionales, etc) que provocan pereza, así que si siempre has sido una persona muy activa y de repente te sientes sin ganas y sin energía, deberías ver a un profesional.

Ya lo sé. Nos referimos a una creencia que ha creado en nosotros una actitud en la que nos cerramos a los cambios que se nos proponen, a las recomendaciones, a dejar o cambiar nuestras creencias.

Cuando una persona está en esta actitud, es como si se tapara ambos oídos con sus dedos.

Y es por supuesto un gran enemigo de los buenos hábitos, ya que nos impide adquirirlos.

Para ser una persona de éxito, debes eliminar esa actitud, debes entender que hay muchas cosas que no sabemos y que sin duda son muy interesantes y enriquecedoras para nuestra vida.

Si nos abrimos a las nuevas ideas y maneras de trabajar, sin duda nos estamos abriendo al éxito.

Además no dejes de escuchar lo que las personas cercanas a ti dicen sobre tus hábitos.

La postergación. El arte de la postergación también muestra la capacidad de quienes tienen el poder de dejarlo todo para mañana. Y se dice que es casi un arte, porque algunos no entendemos como lo logran hacer, ya que aunque las cosas sean urgentes, se van para el siguiente día, estos son los llamados famosamente "Hombres del mañana", y no precisamente por lo positivo de la expresión.

Como es un hábito, si lo tienes, debes eliminarlo de ti, claro si deseas ser una persona de éxito.

Hay foros en Internet que te ayudan a vencer este mal hábito, tan poderoso y dañino, y voy a mencionar algunas recomendaciones sin profundizar demasiado.

- Detecta por qué tiendes a postergar las cosas con preguntas SMART (¿Te da miedo tener éxito? ¿Te da miedo fracasar? ¿No sabes cómo empezar? ¿Eres un perfeccionista? ¿Cuál es tu excusa?)
- Aclara lo que deseas lograr como meta SMART
- Haz un plan de trabajo, una lista de prioridades.
- Crea un espacio cómodo y sin distracciones para trabajar.

- Toma pequeños recesos durante tareas largas, para relajarte.
- No busques tener todo el conocimiento y recursos antes de empezar, no busques perfección.
- Busca lo que te motiva y relaja, como algo de música, un café, etc.
- Pide ayuda de una persona de confianza para que te esté revisando de vez en cuando tus avances.

Cómo puedes notarlo, son hábitos que se pueden vencer o minimizar al punto de que no afecten demasiado nuestra productividad.

La postergación, puede ser el resultado de alguna creencia limitante que tengamos.

No te rindas, no dejes de hacerte preguntas y en algún momento vas a dar con la respuesta (solución) que necesitas.

3.7 - Hábitos de éxito

Entonces ¿Qué hábitos deberíamos tener si deseamos un negocio exitoso?

Ser organizado. Es algo básico, ya que si no lo eres, tu vida y tu negocio van a ser un desastre. Y entre más crezca una empresa, sin duda que será peor.

Debes organizar tu negocio en áreas (aún cuando sea pequeño) y estas en departamentos, para que puedas llevar un control de tus avances o en su caso detectar más fácilmente qué es lo que te está deteniendo.

Debes separar tus gastos personales de los gastos de tu negocio. Si es el caso de que vives directamente de tu negocio, debes asignarte un sueldo y respetarlo.

Debes identificar y organizar las tareas dentro de tu negocio, aún si solo eres tú o son dos personas, cada uno debe tener sus tareas de responsabilidad. Cada proceso debe estar documentado sobre cómo se realiza y esto en manuales de procedimientos, así cuando vayas contratando nuevo personal, cada quien va a saber exactamente lo que se espera de su puesto.

Aunque no es la idea de este libro tratar a detalle asuntos de operación de un negocio, para que puedas lograr un negocio de éxito, debes tener muy claro en tu mente la importancia de la organización en todo lo que hagas.

No olvides que un negocio de éxito, es aquel que circula solo, sin que tu tengas que estar presente, y para que eso sea posible, todos deben tener claro cómo deben funcionar las cosas y ese "cómo deben funcionar", lo estableces tú como dueño.

Llevar una agenda. Muy relacionado con el hábito anterior, nos permite manejar nuestros tiempos y actividades de manera eficiente. Claro, siempre y cuando prioricemos apropiadamente.

Para ser una persona de éxito, es indispensable tener una agenda, ya sea electrónica o de papel y acostumbrarnos a llevarla siempre con nosotros,

El ahorro. Es otro hábito de éxito. Y no nos referimos a dedicarnos a acumular dinero sin parar.

Hablamos de ahorrar dinero con propósito, primero para asegurar el trabajo y permanencia de nuestro negocio (tener nuestro guardadito para imprevistos) y después para invertir en el fortalecimiento de este, y por qué no, invertir en otro tipo de negocio.

Hay personas que van por la vida viviendo al día, ya que no son capaces de acumular ni siquiera una semana de lo que ganan y cuando hay un imprevisto, o se endeudan o defraudan a alguien más.

Si tienes este tipo de problema, debes resolverlo ya.

Tienes que hacer de inmediato un presupuesto.

Un presupuesto en su forma más básica es calcular el dinero que entra, restarle el dinero que sale y ver cuánto nos está quedando (a favor o en contra)

a) Saca una lista de todos y cada uno de tus gastos fijos mensuales o quincenales (Los gastos que no puedes evitarte: renta, colegiaturas, comida, luz, agua, teléfono, etc)

b) Saca una lista de los gastos anuales que tienes y en qué fechas debes hacer cada pago (ejemplos. Tenencias de autos, impuestos anuales, seguro de auto, seguro médico, etc)

c) Saca una lista de todos tus ingresos (Todo el dinero que entra, si tu esposa trabaja y comparten los gastos también incluyes lo que ella aporte) como: sueldo, etc.

d) Ya que tienes identificados todos los gastos fijos, súmalos y lo que te dé réstaselo a lo que ganas.

¿Y porque me sigo quedando sin dinero?

e) Saca una lista de todos los gastos que tienes que no son fijos, que no son indispensables. Trae una libreta pequeña contigo y cada dólar o peso que gastes apúntalo, para que detectes en qué se te está yendo el dinero y veas con horror cuánto dinero estás gastando diariamente sin siquiera darte cuenta.

f) Revisa en tus estados de cuenta bancarios que no estés pagando seguros o comisiones sin que tú lo sepas, si tienes prestamos revisa los intereses que estás pagando y busca como disminuir estos, tal vez cambiando la deuda a otro banco.

g) Revisa que el paquete de Internet, de celular, de televisión sea lo que necesitas.

Ya que conoces tu situación financiera actual, debes hacer un plan para disminuir tus gastos y asignar un porcentaje de lo que ganes cada mes a un ahorro.

Por ejemplo, ahorrar un 10% de lo que ganas es una manera de empezar sin que sientas un gran cambio en la cantidad de dinero que recibes.

Levantarte más temprano. Seguro has escuchado eso de que "al que madruga, dios le ayuda", lo cual es cierto en varios sentidos.

Es básico para que tu cuerpo y mente tengan más energía. Ya hemos hablado que lograr el éxito en lo que hacemos requiere de mucha energía y si nos levantamos tarde, vamos a estar aflojerados.

Este hábito va ligado a otros hábitos como el no desvelarse, no consumir bebidas alcohólicas en exceso después del trabajo, hacer ejercicio por la mañana, tomar una ducha muy temprano, estar bien alimentado, etc.

Algo muy importante que debes saber es que aunque duermas 8 horas en una noche, no es lo mismo para el descanso de tu cuerpo dormirte a las 10 pm que a media noche. Sé consciente que las horas de descanso antes de la media noche son las más reparadoras.

Otro de los beneficios de ser madrugador, es que el día te rinde mucho más.

He conocido dueños de negocio exitosos que al menos una hora antes de que se abran las puertas a los clientes, ellos ya están viendo pendientes, ya están haciendo cotizaciones que tienen que entregar ese día, ya están preparando las presentaciones que van a realizar, etc.

Mientras otros aún están dormidos, ellos ya están pensando cómo hacer posible su siguiente meta. De esa clase de personas debemos ser si deseamos conseguir nuestros objetivos.

Ver menos TV. Se ha llamado durante muchos años a la televisión, la caja tonta, aunque bien podemos decirle la caja hace tontos, ya que lleva nuestro cerebro a un estado de hibernación, de apagado de ideas, lo cual por supuesto es muy dañino para nuestro fin.

Y ahora la tenemos para llevar en modo súper compacto con streaming en cualquier dispositivo, evolucionada en YouTube, memes, etc.

Creo que has experimentado a lo que me refiero.

Reducir las distracciones. ¿Qué te distrae? Celular, Correo electrónico, los amigos, el ruido que te rodea. ¿Cómo eliminar o al menos disminuir esas distracciones? ¿Necesitas irte a otro lugar a trabajar? ¿Te puede ayudar un poco de música de fondo?

Hacer ejercicio. Ya lo he mencionado antes, pero no puedo evitar volver a mencionártelo en este apartado.

Te llena de energía.

Delegar responsabilidades. Aunque no se piensa mucho en este punto, para tener éxito y crecimiento en nuestro negocio debemos apalancar o multiplicar nuestros resultados, y para lograr esto tenemos que tener el hábito de asignar apropiadamente las tareas menos importantes y nosotros enfocarnos en realizar las tareas de más valor que son las que nos acercan a nuestros objetivos.

Meditar. Relajar tu mente, llevarla a un estado de paz hace que tus ideas fluyan, y eso se va a reflejar en el tipo y la calidad del trabajo que realices.

Es importante que aprendas a transmitir esa paz a tus oyentes (tus clientes por ejemplo). Ellos están estresados por su día a día de trabajo, problemas familiares, problemas financieros, y demás.

Y llegas tú, tranquilo, relajado y transmitiendo con tus palabras y con tus movimientos paz. La verdad de solo imaginarte hasta yo quiero platicar contigo.

No hablo de poner tu mente en blanco, ni nada shaolin (con todo respeto), solo de encontrar lo que te de paz.

Sonreír. Este hábito estimado lector, es casi mágico. Y te abre puertas de las más grandes. Sonreír sinceramente claro está.

Si tú le sonríes a alguien, es casi seguro que te va a sonreír, si te iba a correr de ahí, su subconsciente ahora te protege y desea hacer algo por ti.

Buena apariencia e higiene. Debes ser consciente que tú y tus empleados son la imagen de tu negocio.

Tu forma de verte es como una carta de presentación delante de tus posibles clientes; nunca le quites importancia a esto.

Cientos de buenos tratos se han perdido debido a que el vendedor no tuvo la adecuada higiene bucal.

Considera este uno de los primeros buenos hábitos que debes tomar en cuenta.

Puntualidad. Este es un hábito que se ha perdido mucho últimamente.

Esta pérdida va relacionada con la pérdida de valores, con la perdida de palabra.

No ser puntual es una falta de respeto a la otra persona, una falta de seriedad muy grande que no debe existir en nuestra vida.

Considera que ser puntual es llegar unos minutos antes de la hora acordada.

Si vas a hacer una presentación, ser puntual implica estar lo suficientemente antes para preparar todo y poder empezar a la hora acordada, no llegar apenas a la hora y en ese momento empezar a preparar todo.

Dos consejos: En lo posible nunca hagas tratos con personas impuntuales ya que si lo son en el tiempo, lo son en todo lo demás y si deseas ser una persona de éxito, tu camino debe ir marcado a tiempo, muy puntualmente.

Evita hablar de ti mismo. En lo posible habla de la otra persona, de lo que le gusta, de lo que hace, de lo que espera hacer, de lo bien que se ve, de lo que le gusta a él y también a ti en común.

Haz sentir a la persona que te escucha que te interesas sinceramente por ella. Y la mejor manera de hacerla sentir así, es no hablando de ti y de todo lo que te encantaría platicarnos, no, aprende a escuchar, haz una pregunta y escucha con atención lo que tenga que decirte.

Saber escuchar apropiadamente, es toda una ciencia que requiere mucha práctica. Mira a la persona entre los ojos (sin ser invasivo), asiente de vez en cuando, di alguna pequeña frase de asentimiento o confirmación, reclina tu cuerpo un poco al frente.

Si logras dominar el hablar de ti más de la cuenta y saber escuchar, te auguro mucho éxito.

Saber decir no. Aunque suene extraño el saber a qué decir sí y a que decir no, puede hacer una gran diferencia en los resultados que obtenemos.

Hay personas que todo el tiempo necesitan algo de ti, ya sea dinero, tiempo o algo que implica desenfocarte de lo que estás haciendo para "apoyarlos".

Acostúmbrate a decir: déjame lo pienso. Resiste el impulso de salir corriendo y tratar de solucionar los problemas de la gente que te rodea.

Es sin duda algo loable el ayudar en lo posible a quien lo necesita, pero considera dos cosas, primero que la mayoría de las ocasiones los problemas de las personas son provocadas por ellos mismos, por sus malos hábitos y te piden ayuda para que apagues el fuego que ellos mismos provocaron, y segundo ¿Qué costo tendrá para ti? No saber decir no, te puede costar mucho dinero, muchas preocupaciones, gasto de energía y más cosas.

Si es algo que no te cuesta demasiado, pues tú decide si hacerlo, solo teniendo cuidado de no convertir a esa persona en alguien dependiente de ti.

Así que no lo olvides, no eres el súper héroe de nadie. Enfócate en tus asuntos y convierte el decir no, en un buen hábito.

No critiques, no te quejes. La crítica y la queja son una cosa horrible, algo que te roba la energía vital. ¿Has escuchado a alguien que todo el tiempo está hablando de lo mal que se están haciendo las cosas, pero que no aporta nada? ¿Alguien qué todo el tiempo se está quejando de lo mal que le va? ¿Alguien que todo el tiempo tiene mucho que opinar, pero nada productivo?

Nunca apoyes eso, ni te vayas a convertir en una persona quejumbrosa, debes aceptar que solo tú eres responsable de lo que te sucede.

Tus críticas deben ser constructivas y aportar, construir no derribar.

No decir malas palabras. "De la abundancia del corazón, habla la boca", principio bíblico.

Que tu manera de expresarte y comportarte muestre la fina y exitosa persona que eres por dentro.

Nunca debes ceder a las provocaciones. Tú debes verte como una persona que está en un nivel muy diferente a la mayoría, y hablo de un alto nivel de educación moral y buen trato a los demás.

Puedo seguir mencionando una infinidad de buenos hábitos necesarios para convertirte en una persona de éxito, y llevar a tu negocio a ese punto que deseas, pero lo que quiero es que comprendas por ti mismo el camino que debes seguir hacia tu objetivo.

Como seguro has escuchando antes, ocúpate en lugar de preocuparte; ocúpate en estos y otros hábitos que te dirigen a tu dirección correcta.

Hay hábitos de éxito de pensamiento y de acción.

Te recomiendo ampliamente incluir en tu habito de lectura el libro "Como ganar amigos e influir sobre las personas" (Dale Carnegie), muy antiguo pero con principios de relaciones humanas que te ayudarán enormemente en tu camino al éxito.

3.8 - Malos hábitos.

Para no hacer una lista muy larga, podemos decir que los malos hábitos son lo contrario a los buenos hábitos que ya vimos.

Los malos hábitos tienen consecuencias desastrosas en nuestra vida y en nuestro trabajo.

Para ponerte algunos ejemplos.

Desvelarte. Cuando te desvelas frecuentemente tu sistema inmunológico se debilita, por lo que eres más propenso a enfermedades.

Tus niveles de estrés se elevan, tus niveles de concentración disminuyen, tu memoria casi desaparece, vas a estar de mal humor, vas a tener ataques de hambre,…, etc.

Creo que entiendes que una persona desvelada no va a estar enfocada, ni va a tener la energía necesaria para lograr un negocio de éxito. Mal hábito ¿verdad?

Alimentarte mal. Muy parecido al anterior, solo que creo que este te mata más rápido.

El alimento es el combustible que da energía a tu cuerpo y a tu mente, si no lo alimentas apropiadamente, nadie puede hacer nada por ti.

¿Por qué crees que a la comida rápida también la llaman comida chatarra?

Aquí también podemos incluir lo que usas para hidratar tu cuerpo ¿en serio solo café? ¿Solo refresco?

Equilibrio en tu alimentación es la base. Y evita los excesos.

Actuar por emociones. De algunas personas se dice que piensan con el estómago y no con la cabeza, haciendo alusión a que dependiendo de su estado de ánimo es cómo actúan.

Hay demasiada gente así ya en el mundo, no seas una más de esas.

Que seas conocido como una persona equilibrada, prudente y estable en su manera de pensar y actuar. Si logras eso, mucha gente va a querer estar cerca de ti y por ende muchos te van a buscar para trabajar contigo.

Chismes. Sin ánimo de ofender a nadie, cuando era pequeño se usaba la expresión "pareces una vieja chismosa" para referirse a la gente que habla de otra a sus espaldas esparciendo noticias de alguien más con el fin de dañar.

Cuida lo que dices de una persona no presente y cuida delante de quien dices las cosas, ya que el que te escucha se va a quedar con la idea de que eres un chismoso. Si tienes algo que decir de una persona, díselo personalmente y acláralo, siempre con el fin de seguir adelante en tus objetivos.

Si alguien habla mal de ti, debes tener la madurez necesaria para aceptar que las más de las veces no podemos controlar lo que otros piensan de nosotros, solo debemos preocuparnos por tener una consciencia tranquila.

Querer agradar a todos. Esto ni siquiera los mejores súper héroes lo han logrado. Aún así puede ser un mal hábito que nos roba energía, la cual necesitamos para lograr nuestros objetivos, por lo que es también un muy mal habito de los que tenemos que eliminar. Tenlo muy claro, a mucha gente no le vas a caer bien por más que te esfuerces.

91

Reclamar todo el tiempo. ¿Alguna vez has estado cerca de alguien que se queja y que reclama de todo? ¿Verdad que en poco tiempo te cansa? Entonces entendemos claramente lo dañino de este mal hábito y que nos va a dejar solos al tercer reclamo. Si no lo eliminas de tu vida, después no se aceptan reclamos. Perdón por el mal chistecillo, pero tan solo hablar de estos malos hábitos me está debilitando.

Tomar todo como personal. No seas una persona "sentidita" o que se ofende fácilmente. Las personas que te rodean deben saber que eres lo suficientemente maduro para soportar cualquier tipo de crítica sobre tu trabajo e incluso sobre tu vida. Entonces no seas chillón y ponte una concha protectora donde rebote todo lo que no te guste y no quieras que te afecte.

Quedarse preso en el pasado. He conocido a personas de 40, 50, 60 años que aún se quejan y culpan a sus padres o a otras personas por sus fracasos.

Como dice una canción por ahí, ya lo pasado, pasado, ahora tú te debes hacer responsable por los resultados que obtengas, ya que solo tú los vas a sufrir.

Debes seguir adelante a pesar de lo que te haya ocurrido. Nunca dejes de avanzar, corta las cuerdas que te atan hacia atrás.

Si consideras que algo no lo puedes soltar tu solo, tal vez necesites ayuda profesional.

Pensar de más. Piensa menos y actúa más. Nunca vas a tener una garantía absoluta de que las cosas te van a salir bien, y ese mal hábito te puede hacer perder muchas buenas oportunidades.

Confía en ti, en que vas a ser capaz de resolver los problemas que se te vayan presentando.

Claro que tienes que pensar en cómo hacer las cosas bien, pero no te quedes solo en el pensamiento; para tener un negocio exitoso, debes ser una persona de acción.

No vivir el momento. Debes aprender a darle a cada cosa su lugar; a sufrir y disfrutar cada cosa en su momento. No dejes de disfrutar el tiempo con tu familia pensando en los problemas de la oficina, ellos merecen que les des tu ser completo.

Si estás trabajando enfócate en eso, si estás de vacaciones enfócate en disfrutarlas.

Si no aprendes a separar tus asuntos y disfrutar tus buenos momentos, es solo cuestión de tiempo para que te afecte el estrés y hasta el llamado burning (quemado laboral).

Podríamos hacer varios libros buscando listar todos los malos hábitos, pero no es el caso, lo que quiero es que aprendas a identificar tus propios malos hábitos, y más que eso, que aprendas a corregirlos.

Si consideras que tienes muchos malos hábitos, haz una lista de estos, relee el capitulo, toma notas de lo que te pueda servir para quitarlos de tu vida y convertirte en lo que tú quieres ser: una persona exitosa y mentalmente fuerte.

3.9 - Conclusión del Capítulo

Espero haber logrado que comprendas la importancia de los buenos hábitos tanto en nuestra vida personal como en nuestra vida profesional.

Son como un piloto automático aprendido en nuestro vivir diario.

Los controlemos o no están con nosotros en todo momento.

Pueden ser nuestro mayor adversario o también nuestro mayor aliado.

Depende de ti, lo que tus hábitos lleguen a ser. Ahora con este conocimiento, tú decides, si dejarte manipular por una costumbre o tomar las riendas de cada aspecto de tu vida.

CAPITULO 4 – MOTIVACION

Casi todos tenemos una idea general de lo que es la motivación, ya que la hemos sentido varias veces en nuestra propia vida.

La podemos percibir como un flujo de energía que se origina en nuestra mente y llena nuestro cuerpo, impulsándonos a hacer algo, impulsándonos a una acción.

Si buscamos un concepto, podemos encontrar algo como lo siguiente: "factores o determinantes internos y externos que incitan a una acción" ó "un estado que activa, dirige y mantiene la conducta"

Para nuestro fin vamos a decir que la motivación, es la energía que nos impulsa a levantarnos de donde nos encontremos y poner manos a la obra para lograr un propósito que nos hayamos trazado.

Notemos que hay una relación directa entre la motivación y el actuar, entonces, en el camino a nuestro objetivo de crear un negocio exitoso, es indispensable tener un alto nivel de motivación, ya que vamos a necesitar mucha energía que nos impulse a través de las dificultades y problemas que se nos presenten y aún así podamos seguir adelante.

97

El crear un negocio exitoso, no es cualquier cosa, si así fuera, cualquiera lo podría hacer, y una de las claves principales para lograrlo es la motivación.

Tú mente debe estar llena de energía para lograr ese propósito, y la motivación es precisamente lo que te va a dar esa energía. Sin embargo, la motivación debe ser la correcta y debe ser sostenida, no empezar con energía de sobra y cansarnos a la mitad del camino.

Tienes que aprender a crear motivación en ti mismo, desde dentro de ti, de una manera controlada, sin necesitar de factores externos que se salen de tu control.

El propósito de este capítulo es aclararte en lo posible la importancia de estar bien motivados, como conseguir estar bien motivados, como enfocar esa motivación hacia objetivos de éxito y como no perder la motivación a la mitad de la carrera.

Como comentario importante, la motivación es una materia muy amplia y estudiada desde diferentes enfoques como psicológicos, sociales, educativos, físicos, etc. que tendríamos que escribir libros para abarcar todo eso, y bueno, no es nuestro propósito.

Recuerda que todo se origina en la mente en tus pensamientos, y de ahí se crean las acciones, pero para que tu mente fluya, hay que darle los motivos y motivación correctos, caso contrario nada bueno va a suceder.

Espero estés muy motivado para esto☺.

4.1 - Importancia de la motivación

Hablemos pues de la importancia de estar motivados.

Cuando en un trabajo vemos a una persona que le echa muchas ganas a lo que hace, decimos "este anda bien motivado". Y en efecto, algo debe mover a esa persona a trabajar con esa energía, con esas ganas.

A lo que voy, es que el mejor desempeño, generalmente lo va a tener la persona que esté más motivada. Como la motivación le da energía a su mente, hace que se enfoque y se concentre en el trabajo que está realizando en este momento y además como le da energía a su cuerpo este realiza las actividades más rápidamente y de la mejor manera posible.

¿Captas la idea?

¿Quieres que tus empleados te sorprendan?

 Mantenlos motivados y veras que van a realizar las tareas de una manera que no te lo esperas y sí, te sorprenderán. Serán mucho más productivos e incluso disfrutarán de sus actividades, ya que la motivación genera un estado de satisfacción en lo que están haciendo.

¿Crees que a un vendedor bien motivado lo va a detener lo caliente del sol? ¿Una lluviecita? ¿El frio?, pues no, de hecho, el saber que eso aleja a la competencia que no está motivada, lo va a impulsar aún más.

Si motivas apropiadamente a tus clientes estos te serán fieles, serán una interminable fuente de buenas referencias y testimonios que te darán muchas alegrías económicas.

Tus proveedores querrán trabajar contigo, y desearán quedar bien.

Si te rodeas de una adecuada motivación verás como avanzas hacia el cumplimiento de tus metas.

Pero…, si pero. Esa motivación debe nacer de ti.

Tú debes estar motivado para motivar a tus empleados, clientes, proveedores, etc.

Tú debes ser capaz de entender que es lo que desea esa persona, o qué lo mueve al punto de llegar a un estado de motivación. Y al decir, "entender qué se necesita para motivar a esa persona", también nos referimos a ti. Debes entenderte tú mismo y descifrar como te damos turbo, pero sin que te desgaste en el proceso, una motivación sostenida.

¿Qué sería lo contrario a estar motivados?

Realizar las actividades sin ganas, sin energía, sin enfoque, sin concentración y sin disfrute, lo cual por supuesto ninguno de nosotros queremos en nuestra vida, ni en nuestro negocio.

¿Entiendes la importancia de que tú y tu negocio estén llenos de la energía que proviene de la motivación?

4.2 - Teorías de Motivación

Primero entendamos que hay 2 orígenes de motivación: orígenes externos y orígenes internos.

Los orígenes externos. Normalmente tienen que ver con incentivos que recibimos si logramos un fin.

Algunos ejemplos pueden ser:

- Dinero
- Viajes
- Bienes materiales
- Tiempo
- Premios

Y se trata de darle o quitarle al individuo este tipo de incentivos. Se entiende que alguien desarrolla una actividad para conseguir un resultado deseado.

Como un empleo, en el que trabajamos para recibir un sueldo a cambio, o estudiar mucho para conseguir buenas notas, o una amenaza de castigo tras una mala conducta.

También el aplauso del público y el deseo de conseguir un trofeo se consideran motivaciones externas.

En este tipo de motivación se debe responder la pregunta ¿Qué es lo que motiva a esta persona para llevar a cabo una tarea y que se siga esforzando? Y más importante aún, ya que nosotros mismos somos nuestro objeto de estudio y mejora ¿Qué es lo que me motiva a mí para llevar a cabo una tarea de principio a fin con el máximo de energía y enfoque?

El peligro de la motivación de este tipo es que con el tiempo lo que se da para motivar, no va a ser suficiente, y la persona va a buscar recibir algo mayor a lo que está recibiendo actualmente.

Los orígenes internos. Este tipo de motivación nace de dentro de la misma persona, de su mente, de sus deseos y necesidades internas.

Los factores internos tratan de los deseos de las personas de hacer cosas por el hecho de considerarlas importantes, interesantes y necesarias.

No podemos hablar de motivación, sin al menos mencionar las teorías motivacionales de Abraham Maslow, que son de las más ampliamente discutidas.

El psicólogo norteamericano desarrolló una jerarquía que consiste en cinco clases de necesidades.

De acuerdo con Maslow, las personas son motivadas debido a necesidades insatisfechas.

Las necesidades que se deben tomar en cuenta e ir cubriendo en ese orden son:

1. Fisiológicas: hambre, sed, sueño, etc.
2. Seguridad: abrigo, refugio, salud, etc.
3. Sociales: amor, amistad, etc.
4. Autoestima: respeto, éxito, confianza, etc.
5. Autorrealización: logro de todo el potencial, nunca se cumple completamente.

Se trata de que cuando una persona logra cubrir un tipo de necesidad, de inmediato su mente empieza a buscar cubrir el siguiente nivel de necesidades y así sucesivamente.

Por ejemplo. Una persona que no tiene para comer o agua para beber, en ese momento de ninguna manera se va a preocupar por tratar de lograr todo su potencial. En ese instante su mente está enfocada solamente en cubrir esas necesidades básicas.

Pero cuando ya logro cubrir sus necesidades fisiológicas (comida, descanso, etc) y si también logro cubrir sus necesidades de seguridad y sociales, ya se empieza a preocupar por conseguir respeto en el entorno social que se mueve, conseguir la confianza de los demás y querer que lo vean como una persona de éxito.

Ya directamente sobre la motivación interna, a partir de un estudio Steven Reiss (1947–2016) En su libro "¿Quién soy?" Propuso una teoría que encuentra 16 deseos básicos que guiarían prácticamente todos los comportamientos humanos.

Los 16 deseos básicos que motivan nuestras acciones y definen nuestra personalidad según Reiss son:

- La aceptación, la necesidad de aprobación
- La curiosidad, la necesidad de pensar
- Comer, la necesidad de alimentarse
- La familia, la necesidad de criar a hijos
- El honor, la necesidad de ser fiel a los valores del grupo o etnia
- El idealismo, la necesidad de la justicia social
- La independencia, la necesidad de la individualidad
- El orden, la necesidad de entornos estables y predecibles
- La actividad física, la necesidad del ejercicio
- El poder, la necesidad de la voluntad
- El romance, la necesidad del sexo
- Ahorrar, la necesidad de recaudar
- El contacto social, la necesidad de la amistad

- El status, la necesidad de una posición social
- Tranquilidad, la necesidad de estar a salvo
- Venganza, la necesidad de devolver el golpe

Aunque no lo creamos de principio, para lograr tener un negocio exitoso y una vida exitosa, debemos incluir en nuestro estudio temas relacionados con la psicología humana y con las relaciones humanas.

Esto nos ayudará a comprender por qué las personas hacen lo que hacen o actúan de cierta manera y también a entendernos nosotros mismos.

¿Qué tan útil crees que te sería entender las decisiones de compra de tus clientes? ¿Qué los motiva a comprar? ¿Qué quieren comprar? ¿Cómo puedes llamar su atención?

Si cubres las necesidades de un mercado, no vas a tener que buscarlos, ellos te van a buscar a ti.

Bueno esto no es nuestro objetivo de estudio en este libro, pero es una pista para que vayas adelantando en esos temas.

4.3 - ¿Cómo obtenemos motivación?

Detente un momento y pregúntate ¿Cómo puedo motivarme?

A fin de cuentas, no puedo, ni deseo darte todas las respuestas, lo que yo quiero es enseñarte a encontrar "tus respuestas" por ti mismo (recuerda preguntas = respuestas = soluciones).

¿Qué encontraste? Espero que algo bueno.

Cuando se trata de trabajar en nuestro negocio para convertirlo en lo que deseamos, es posible que no haya mucha motivación de tipo externa (Tal vez nadie te va a dar dinero o premios por puntualidad y asistencia). Entonces debemos generar motivación desde dentro de nosotros mismos.

El aprender a hacerlo (mantenerte motivado) es lo que te ayudará a sostenerte en el tiempo y lograr la mayoría de tus objetivos.

Qué te parece que nos preguntemos cosas como: ¿Por qué quiero hacer esto? ¿Qué deseo lograr? ¿Quiero impresionar a alguien? ¿Qué necesidades deseo cubrir? ¿Qué hace que me levante todos los días para esto? ¿Qué debo hacer todos los días para avanzar hacia mi objetivo? ¿Qué quiero lograr para mí? ¿Cómo quien me quiero ver? ¿Qué hago para estar trabajando con el intelecto? ¿Me apasiona lo que hago? No dejes de hacerte preguntas nunca, ni dejes de seguir buscando las mejores respuestas.

¿Por qué quiero hacer esto? Debes tener muy claro en tu mente las razones por las que vale la pena el esfuerzo y sacrificio que tienes que hacer todos los días.

Sí, mientras tus amigos están relajados y tal vez divirtiéndose, tú estás en tu oficina, pensando en cómo resolver el siguiente problema.

Debes tener muy claras las recompensas que quieres conseguir, para ti y tal vez para tu familia, ya que cuando el "por qué" no es egoísta te va a generar mucha motivación.

Debes tener lo que muchos llaman "un ancla". Un motivo emocional tan fuerte que te sostenga en cualquier adversidad, de las que sin duda vas a tener muchas.

Entonces empecemos a aislar ideas.

1. Haz una lista de motivos no egoístas por lo que vale la pena para ti.

¿Comprar una casa para tu familia? ¿Ayudar económicamente a tu madre envejecida? ¿Comprarle a tu hijo lo que tú no tuviste? ¿Comprar ropa bonita para tu esposa? ¿Pagar la operación de tu padre ya mayor?

Bueno, tu, tu lista.

2. De la lista de motivos saca el que sea más fuerte para ti y que ese sea tu bandera.

Ten a la mano tu lista de motivos y cuando sientas que te faltan las fuerzas para continuar, lee por qué vale la pena levantarse y seguir.

¿Qué quiero lograr para mí? Piensa en lo que quieres convertirte, en qué tipo de ropa deseas usar, que tipo de auto, que casa deseas tener, ¿Viajar por Europa tal vez?

Aquí contrario al caso anterior sé totalmente egoísta, piensa solo en ti, en todo lo que deseas tener, en si quieres tu propia Isla para perderte ahí.

1. Haz una lista súper egoísta de todo lo que deseas conseguir y también tenla a la mano.

Vivimos en un mundo egoísta y en ocasiones necesitamos luchar con la misma arma y es válido hacer que los sacrificios valgan la pena también por lo que puedes conseguir para ti.

¿Como quien me quiero ver? Saca el nombre de una persona que deseas imitar, alguien que tenga lo que tú deseas tener. Encuentra su biografía y estudia lo que puedas sobre él.

Compárate con esa persona y ve lo que ha hecho para lograr lo que tiene, trata de imitarlo, ponlo como tu ejemplo y camina hacia allá.

Cuando te ataque el desanimo, piensa en que hizo tu modelo en un caso similar para seguir adelante, como lo resolvió, como convirtió un problema o fracaso en una oportunidad.

¿Me apasiona lo que hago? Una de las motivaciones más grandes es que ames tu trabajo.

Conozco personas que aman tanto lo que hacen, que incluso olvidan que tienen que comer y de verdad, tienen que poner una alarma, que les recuerde que deben parar para ir a comer o descansar.

Me dicen que su trabajo los apasiona tanto, que cuando alguien les pregunta, si van a ir de vacaciones, ellos dicen que su vida es como estar de vacaciones todo el tiempo, porque lo que hacen los divierte y llena.

Busca entonces trabajar en algo que ames, que te apasione tanto que desees que el mundo entero llegue a amarlo como tú lo haces, que tus clientes sientan tu pasión y no puedan evitar querer tu producto.

Mírate al espejo y háblate. ¿Has visto cuando un entrenador motiva a su boxeador antes de una pelea? Se le acerca al rostro y le susurra con toda la convicción de que es capaz cosas como "eres el mejor" "eres invencible".

Bueno, acércate al espejo y susúrrate con total convicción que eres el mejor. Hazlo todo el tiempo, todos los días de ser necesario y date a ti mismo una dosis de motivación boxeadora.

109

En este punto sería bueno detectar si tienes alguna creencia limitante que te haga tener baja autoestima y atacarla.

Genera afirmaciones y un proceso para sustituir esa creencia, por una opinión positiva de ti mismo ¿Cuánto te gustas a ti mismo?

Si te gustas a ti mismo, le vas a gustar y caer bien a las demás personas y van a querer trabajar contigo.

Mira tu yo futuro. Esta es una técnica que recomiendan algunos autores y consiste en visualizarte a ti mismo en el futuro.

La idea principal es preguntarte ¿Cómo me veo dentro de 20 años <u>si sigo haciendo las cosas igual</u>? ¿Cómo voy a estar dentro de 20 años si no cambio mis hábitos? ¿Cómo voy a estar dentro de 20 años si no hago estos sacrificios? ¿Cómo va a estar mi familia dentro de 20 años, si yo sigo igual que ahora? ¿Si sigo ganando lo mismo? ¿Si sigo teniendo miedo de hablar en público? ¿Si sigo escondiéndome porque tengo miedo al rechazo?

Si te ves muy mal (igual o peor que ahora), visualiza a tu yo futuro (gordo, canoso, feo, quebrado, deprimido y muy, muy molesto) volteándote a ver a la cara y gritándote: "Deja de perder el tiempo... ¿realmente quieres acabar como yo?" "Yo ya no puedo hacer nada. Pero tú aún tienes esperanza... no la desperdicies por favor, no quiero estar así"

Cuando no tengas ganas de levantarte por la mañana, cuando te sientas cansado y quieras irte a tu casa, cuando te sientas derrotado y desesperado, cuando creas que no puedes más... recuerda a tu yo del futuro.

Y más te vale que pegues un brinco y te pongas a hacer lo que tengas que hacer, para darle una buena vida a tu yo del futuro, a tu hijo del futuro, a tu esposa del futuro... a tu mundo del futuro. Porque el futuro, lo construyes en este momento.

4.4 - ¿Cómo motivar nuestra motivación?

Es muy importante para no perder nuestra motivación, contar con algo que la sostenga.

Veamos algo que podemos hacer para no perder nuestra motivación.

Recompensar nuestro yo racional interno. Consiste en buscar y encontrar los beneficios que nos produce eso a que le dedicamos nuestro tiempo y esfuerzo y sentirnos orgullosos de lo que logramos.

Por ejemplo, si estamos aprendiendo hablar en público, ver los avances que hemos tenido al respecto y como estos nos han convertido en una persona más segura de nosotros mismos, y como los demás confían en nosotros y nos ven como sus líderes, etc.

Esto nos va a impulsar o motivar a crecer aún más.

Castigar nuestro yo racional interno. Racionalizar y reflexionar en lo malo que sería para nosotros mismos, quien depende de nosotros y de nuestro negocio no hacer lo que sabemos, debemos hacer.

Tomando el ejemplo anterior, si no logro vencer el temor de hablar en público, quedaré en ridículo delante de las personas que confían en mí y mi yo del futuro, la pagará en grande (recuerda: "Yo ya no puedo hacer nada. Pero tú aún tienen esperanza… no la desperdicies por favor, no quiero estar así").

Premiarnos con algo material. Porque no, planear unas vacaciones después de lograr alguno de nuestros objetivos.

La idea es darnos algo como un premio que nos haga sentir que vale la pena el esfuerzo que estamos haciendo.

Premiarnos con algo emocional. Se trata de que cuando terminemos nuestro objetivo, nos demos como premio algo que nos guste, no tiene que ser algo relacionado con el trabajo, solo algo que teníamos guardado en la lista de pendientes de "me gustaría hacer", recuerda, por puro placer.

Comparación positiva. Se trata de hacer una comparación de nuestro trabajo con respecto al que hacen los demás, que es mejor y sentirnos orgullosos de eso.

No tenemos que decirle eso a nadie, para no despertar sentimientos de envidia o competencia malsana, es nuestro pequeño secreto, solo para darle de comer algo a la bestia del ego.

Seguir estas recomendaciones hará que nuestros niveles de motivación y energía se sostengan altos todo el tiempo. Y que nuestro trabajo sea divertido.

4.5 - ¿Qué alimenta la motivación?

Es muy importante en nuestra meta de crear un negocio exitoso, saber qué alimenta la motivación de las personas que nos rodean y afectan los resultados que deseamos obtener.

Entre los más importantes podemos mencionar:

El reconocimiento sincero. Las personas necesitan saber que se mira y reconoce lo que hacen, que son importantes para lograr los objetivos de la empresa, por tal motivo, siempre que sea adecuado, debemos felicitar y reconocer el trabajo de nuestros colaboradores, de preferencia en público.

No olvides entonces recordarles a tus clientes, proveedores, empleados y demás implicados que la empresa los considera muy importantes.

Sentirse parte de un equipo. Eso motiva mucho a un empleado. Saber que no está solo en su desempeño diario, que forma parte de algo más grande, lo hace integrarse y desear caminar al mismo nivel que el resto del grupo.

El horario de trabajo. Si es posible apoya a los colaboradores de manera que su horario de trabajo les permita pasar más tiempo con sus familias, eso genera en ellos un sentimiento de fidelidad, ya que perciben que te interesas en ellos y lo que es más importante aún, en su familia.

La capacitación. Hace que los colaboradores se sientan importantes y que la empresa se preocupa por su futuro. También genera fidelidad y un alto nivel de motivación al querer poner en práctica lo aprendido.

El sueldo. Es sin duda un motivador aunque no el más importante si al empleado se le está incluyendo en un equipo, apoyando con su horario ó capacitándolo.

En la medida en como un colaborador se sienta bien con la empresa, va a aportar más valor a la consecución de los objetivos de esta.

4.6 - Alimento nocivo para tu motivación

Así como hay cosas buenas y positivas que te ayudan a motivarte, también cosas no tan buenas pueden alimentar esa motivación.

¿Recuerdas la lista de los 16 deseos básicos que motivan nuestras acciones, basado en el libro "¿Quién soy?" de Steven Reiss?

Ahí había algunos deseos como el poder y la venganza que pueden generar una energía motivadora muy fuerte, aunque no los definiríamos como positivos.

Es importante saber que si nuestra motivación está basada en un sentimiento negativo, aún cuando nos dé la energía que requerimos, en algún momento esta misma energía se va a volver contra nosotros.

Entonces ¿Te motiva algún sentimiento negativo?

¿Te motiva el miedo? ¿Un deseo dañino? ¿Acaso el enojo?

115

Conocí a una persona que aparentemente era muy exitosa; al menos a la vista de los demás parecía que todo le salía muy bien.

Aunque al observarla muy detenidamente te podías dar cuenta que siempre estaba muy molesta, era como Hulk (Marca registrada), su secreto consistía en que siempre estaba molesta.

Y si algo le salía mal, se enojaba mucho más y sacaba grandes cantidades de energía que le permitían hacer lo necesario para solucionar el problema.

Delante de las demás personas parecía sereno y muy tranquilo, como si no se estresara ni preocupara, pero por dentro estaba hirviendo con el enojo que alimentaba su motivación.

Lo malo es que una motivación de ese tipo no se puede sostener a futuro, ya que te daña físicamente.

Esa persona padecía de gastritis crónica y otros males producidos por mantener su cuerpo en esa sensación de enojo constante.

¿Sabías que el enojo provoca dolores musculares, jaquecas, contracturas, acelera tu respiración, tu corazón bombea con más fuerza, te da gastritis, colitis, dermatitis, etc? ¿Qué afecta la vesícula biliar y otros órganos del cuerpo?

Bueno, no tengo que decirte que esta persona, sufría enormemente cada vez que se auto-motivaba

¿Entiendes la importancia de controlar, o en lo posible de eliminar de ti este tipo de motivaciones negativas?

Lo mismo pasa con otras motivaciones negativas como son: la ira, la venganza, la envidia, el rencor, el miedo, etc. Todo esto te va a dañar física, emocional y mentalmente.

¿Qué hacer entonces?

Piensa en un problema que tengas ahora ¿Qué sentimiento detectas? ¿Qué te va a dar la fuerza necesaria para superarlo?

No te dejes engañar, muchas veces ciertos sentimientos se esconden detrás de falsas motivaciones.

Vuelve a cerrar los ojos, ¿Qué hay realmente detrás de esa motivación? ¿Es real?

Ahora quiero que abras los ojos y entiendas que ese problema no lo vas a resolver con sentimientos. Racionalízalo, escribe tu problema como una meta, haz preguntas SMART. Encuentra una solución pensando.

Y te vas a asegurar que cada problema que se te presente, solo sea por única vez, asegúrate de no tener el mismo problema dos veces.

4.7 - ¿Qué te quita motivación?

Cuando alimentas tu cuerpo con cosas nutritivas este se fortalece, por lo contrario, si te alimentas con cosas que no son nutritivas, vas a perder fuerza y fortaleza.

Y claro, no siempre nos es posible ingerir los mejores alimentos.

En ocasiones, por ciertas circunstancias que se salen de nuestro control, nos alimentamos de comida chatarra.

Lo mismo sucede con nuestra motivación, hay cosas que nos quitan esa energía para hacer las cosas y debemos estar preparados para ello, ya que no siempre vamos a poder evitarlas.

Comentarios de falsas amistades. A la mayoría de las personas no les gusta que alguien más tenga éxito (es el mundo que te toco vivir). Por tanto, para seguir adelante en tu cometido, debes estar preparado para recibir críticas disfrazadas de buenos consejos, burlas, e incluso ataques directos de personas que abiertamente desean que te vaya mal.

No pierdas de vista tus objetivos y los pasos para conseguirlos, para que no importa lo que te digan los demás, tu sepas exactamente lo que quieres y como lo vas a lograr.

Comentarios bienintencionados. Por mucho que nos quieran nuestros familiares y amigos en ocasiones hacen comentarios o cosas que nos descorazonan y quitan la energía para seguir adelante (no me defiendas compadre).

Como empresario de éxito, debes aprender a separar e incluso ignorar los comentarios que no te ayudan. Tu trabajo y resultado se basan en tu manera de trabajar no en lo que digan los demás sea bueno o sea malo.

Claro, no digo que te cierres a las sugerencias, de hecho debes estar muy abierto a las buenas recomendaciones, pero tú debes ser capaz de reconocer cuando son buenas o no.

Para partir, te debes preguntar ¿Esta recomendación me acerca a mi objetivo?, si lo hace es buena.

Creencias limitantes. Recuerda que es muy difícil eliminar por completo ideas que has tenido en tu mente la mayor parte de tu vida, que incluso las has considerado como verdades.

Así que debes ser consciente que de vez en cuando van a regresar y van a querer quedarse.

Quita de tu mente de inmediato esos pensamientos que sabes bien te alejan del éxito.

Hábitos nocivos. Sobre los hábitos que has cambiado, siempre debes estar muy pendiente de no dejarlos regresar.

Ya sabes que tu mente y cuerpo se siente muy cómodo con ellos, pero no son para nada buenos en tu meta de tener un negocio de éxito, así que sigue las recomendaciones que ya conoces y no dejes que entren de nuevo en tu vida. Aviéntalos como la araña que te cae en el hombro, rápido y sin pensarlo.

Malos resultados. Como empresario, debes tener la madurez de entender que no siempre vas a conseguir los resultados que deseas, ya que hay muchas cosas que se salen de tu control.

Lo que sí debes hacer, es aprender de las cosas que no salen bien, aunque te cueste, debes encontrarles lo educativo, y como comentamos anteriormente debes prepararte de manera que un error no te ocurra por segunda vez.

Se dice que se aprende más de los errores que de los aciertos, así que tenemos mucho que aprender.

Escribe lo que te salió mal, escribe cómo esperabas que saliera, haz las preguntas necesarias: ¿Por qué tuve este resultado? ¿Qué fallo? ¿Dónde nos desviamos del objetivo? ¿Cómo pudo haberse hecho mejor?

Claro, es mejor hacer estas preguntas antes de que las cosas ocurran para prevenir fallas en los procesos, pero "lo hecho,

hecho está" y no vale la pena perder más energía lamentándonos, hay que aprender de ello y seguir adelante.

El miedo. Adelante en este libro vamos a tener todo un capítulo sobre el miedo y algunas técnicas para superarlo, ya que es una cosa fea, algo que nos paraliza, nos quitan la voluntad, la inteligencia y claro la motivación. Y está presente en todo aspecto de nuestra naturaleza

Lo que sí te digo es que si vences al miedo, vas a tener lo que deseas, casi todo, ya que nuestros deseos son ilimitados, pero con eso te va a alcanzar y sobrar.

La falta de ética y valores. Es horrible cuando tu le pones todo el cariño, energía y empeño a un proyecto y no lo puedes realizar debido al cáncer que enferma cada vez más a nuestra sociedad: la corrupción.

Se ha dicho en nuestro país que la corrupción es casi cultural, y aunque a muchos nos moleste ese comentario ¿Qué secretaría o dependencia podemos nombrar donde no exista? Lamentablemente desde los más altos niveles de gobierno, hasta la más humilde de las plazas de trabajo, todas están rodeadas por la corrupción.

Otra vez te digo, es el mundo que te toco vivir y si te es posible, no alimentes al monstruo, porque también inevitablemente se va a volver en tu contra y te va a dañar, solo es cuestión de tiempo.

No hay ética, no hay valores en el 99% (no puedo decir 100% ya que hay sus raras excepciones) de los casos.

Si trabajas con ética y valores, las personas que aprecian esas cualidades, te van a buscar y saber apreciar.

El nadador que duda. Se me viene a la mente una persona que está en la playa y que ve una roca como a 200 metros de la orilla. El es un excelente nadador, así que decide ir hasta esa roca.

Se lanza al agua y en efecto, como es un buen nadador avanza rápido hacia su objetivo.

Pero como a la mitad, empieza a ver lo profundo muy oscuro y empieza a dudar, a ver a su alrededor, incluso se detiene. Mira hacia la roca y la ve muy lejos, mira hacia atrás y también ve la orilla muy lejos, se apanica, se siente cansado, ahora tiene miedo. ¿Fue demasiado pedirse llegar a esa roca? ¿Y si sigo y ya no me puedo regresar? ¿Y si no tengo las fuerzas necesarias para llegar a la orilla? Perdió de vista su objetivo, por tanto su motivación, su energía y ahora está en peligro.

Algo parecido se convierte en un hábito de muchos y les roba la motivación: Ya que avanzaron hacia su objetivo, hacia su negocio, empiezan a dudar ¿Realmente vale la pena terminar este proyecto? ¿Y si no tiene éxito? ¿Y si me acabo mis ahorros y me quedo peor que al principio? ¿Y si nadie me lo compra? ¿Y si ...?

¡Cuidado! Si dudas a la mitad del trayecto, vas a fracasar.

Los miedos e inseguridades creados y aprendidos en el transcurso de nuestra vida, hacen que no sigamos adelante, que empecemos a cuestionar lo que hacemos y a nosotros mismos, a nuestra propia capacidad. Es auto-sabotaje.

Cuando hayas tomado una decisión después de haberlo considerado cuidadosamente, ya no dudes, no te detengas, *no pierdas de vista tu objetivo al que quieres llegar*, ni empieces a ver hacia todos lados.

No puedo comentar todo lo que te puede quitar la motivación, pero te repito, deseo enseñarte el camino, para que por ti mismo detectes lo que te desmotiva y aprendas a enfrentarlo y superarlo, ya que lo que te hará realmente fuerte será: la capacidad que puedas desarrollar para vencer las adversidades.

4.8 - ¿Cómo motivas a otros?

Ya sabemos que no podemos lograr nuestras metas sin ayuda. Necesitamos el apoyo y cooperación de un equipo de trabajo motivado por las mismas cosas que nos dan energía a nosotros.

¿Cómo puedes motivar a tus colaboradores? ¿Cómo entender lo que mueve a otra persona? ¿Cómo explico mi objetivo y plan adecuadamente?

¿Cómo logro contagiar mi pasión a personas con diferentes intereses y personalidades?

Te podría decir que debemos ponernos en el lugar de la otra persona (empatizar), que debemos predicar con el ejemplo y trabajar con motivación, para contagiar nuestra pasión. Que debes hacer sentir a esa persona parte del equipo, de la empresa.

Debes asegurarte que se sienta apoyada y respaldada (la persona).

Que entienda tu visión de negocio, tu misión y tus valores para lograrla.

Debes premiar y fomentar el buen desempeño.

Todo eso es cierto, pero descubrimos que todo se mueve en un círculo donde primero tenemos que comprender el comportamiento nuestro y el de las demás personas, para descubrir un modo efectivo de comunicarnos. ¿Cómo podemos lograr eso?

Te cuento un poco de esto, que personalmente me gusta mucho.

Por allá en la década de los años 20 y principios de los 30, El doctor William Moulton Marston mientras hacía la investigación para su libro "Emociones de las personas normales" se encontró con rasgos o estilos predecibles y comportamientos comunes del día a día de la gente en diferentes ambientes. Esto lo definió como rasgos de comportamiento y se componen de la combinación en diferentes grados generando Estilos de Personalidad predecibles.

Aunque claro, no es una ciencia 100% exacta, es de lo mejor que existe hasta nuestros tiempos para conocer la personalidad, predecir su comportamiento y detectar lo que motiva a una persona tanto positiva como negativamente.

Se conoce como perfil de comportamiento o test de personalidad DISC y es muy utilizado en las empresas para escoger el mejor candidato en una contratación.

Para nuestro estudio sobre conocer como motivar a los demás (y a nosotros mismos), nos sirve muy bien. El perfil es adaptable a las circunstancias, por lo que depende donde lo veas, puede ser algo diferente, pero la esencia es la misma.

El test DISC consiste en una serie de preguntas de casos normales que pueden sucederte en la vida diaria, cada una con cuatro respuestas posibles que el evaluado debe contestar rápidamente, sin pensarlo mucho. Debe asignarle un valor de 4 a la respuesta con la que más se identifique y un 1 a la que menos lo describa.

Un ejemplo de 2 preguntas podría ser:

Estoy caminando, me tropiezo con algún desconocido:

A) Espero que se quite de mi camino para seguir adelante.
B) Les sonrío y me sigo de frente.
C) Le pido perdón y me sigo de frente.
D) Me hago un lado y sin hablar sigo mi camino

A: 1   B: 3   C: 4   D: 2

Cuando voy de compras:

A) Busco buenas ofertas, me encantan los descuentos.
B) Me divierte ir de compras y me encanta comprar regalos, dicen que soy un comprador compulsivo.
C) Soy indeciso, me cuesta mucho trabajo decidir y escoger.
D) Sé lo que quiero y no gasto mi dinero si no lo encuentro, soy muy definido

A: 3   B: 2   C: 1   D: 4

La idea es sumar los valores que el evaluado les da a las diferentes respuestas para determinar su primera y segunda personalidades dominantes.

¿De qué nos sirve conocer su personalidad dominante?

Te comento:

Una persona dominante está enfocada en los resultados, trabaja de prisa, es eficaz e impaciente, tiene un fuerte ego, va al grano, no se anda con rodeos, es competitivo, teme perder la posición que ocupa, tiene un fuerte deseo de cambio.

Una persona Influyente está orientada a las personas, es emotivo, entusiasta, optimista, comprensivo e impulsivo, a veces da la sensación de ser desorganizado, tiene miedo a perder el reconocimiento social.

Una persona estable es leal, posesiva, flexible, estable, está orientado al grupo, acostumbra ofrecer apoyo a las personas, es lento para asumir cambios importantes, teme perder la seguridad que le da el grupo.

Un concienzudo es perfeccionista, cuidadoso, preciso, sensato, sistemático, detallista, generalmente peca de demandar muchas explicaciones, es poco flexible, teme recibir críticas de su trabajo.

Resumen de las características.

	D	**I**	**S**	**C**
Interés	Qué	Quién	Cómo	Por qué
Motivación	Ganar	Reconocimiento	Equipo	Tener razón
Temor	Perder	Rechazo	Hostilidad	Equivocarse
Riesgo	Autoritarismo	Insistencia	Falso acuerdo	Evitación
Comportamiento bajo presión	Abandonar	Silencio-enfado	Ataque	Mostrar emociones

Con esto empezamos a descubrir cómo debemos comportarnos ante cada tipo de personalidad.

Dominante. Le asigno tareas diversas, aceptaremos y le ayudaremos en su necesidad de cambio y variedad, dejaremos que dirija a otros, le ofreceremos oportunidades y desafíos.

Influyente. Le daremos la oportunidad de relacionarse positivamente con otros, le permitiremos y ayudaremos a verbalizar sus opiniones, le ayudaremos en el seguimiento de los detalles que es tedioso para ellos, les daremos el reconocimiento que merecen.

Estable. Les ayudaremos a destacar la importancia de sus esfuerzos para conseguir el éxito del equipo, les daremos la oportunidad de colaborar con otras personas para alcanzar resultados, en las fases de cambio les facilitaremos un plan paso a paso para evitar que se pierdan en el proceso.

Concienzudo. Les daremos la oportunidad para demostrar su pericia, aprovecharemos sus esfuerzos sistemáticos para llegar a éxitos a largo plazo, aceptaremos su necesidad de hacer las cosas bien.

¿Cómo nos debemos comunicar con las personalidades?

Dominante. Debemos usar un estilo directo e ir al grano. Debemos comprobar que ha escuchado lo que hemos estado hablando.

Influyente. Usar un estilo informal, darle la oportunidad de intercambiar ideas, dialogar en ambos sentidos.

Estable. Debemos provocar discusiones amigables, preguntar por sus preocupaciones.

Concienzudo. Debemos evitar utilizar preguntas personales al principio, en nuestro argumento debemos usar la lógica y los hechos, debemos buscar puntos de desacuerdo.

¿Y si hay un conflicto como lo tratamos?

Dominante. Su forma de ver los conflictos es: Gano/Pierdes.

Debemos evitar cualquier tipo de debate del tipo Blanco/Negro, hay que usar preguntas abiertas, pedirle que plantee una solución ganar/ganar, debemos resumir los acuerdos y compromisos a los que hemos llegado en nuestro intento de resolver el conflicto.

Influyente. Su forma de actuar ante los conflictos es: Evitar conflicto abierto.

Debemos reconocer su malestar, conviene exponer los problemas evitando todo tipo de críticas personales, no permitir que se evada cambiando el tema, debemos cerrar la reunión con un claro plan de acción y una sonrisa.

Estable. Su proceder ante los conflictos es: Evitar la hostilidad.

Debemos afirmar la necesidad de resolver el conflicto para mantener la armonía del grupo, hay que formular preguntas abiertas incluyendo preocupaciones existentes y necesidades detectadas para resolver el problema.

Concienzudo. Frente a los conflictos su postura es: Defensa-Agresión.

Debemos definir el problema con hechos específicos, explorar sus necesidades para una solución ganar/ganar, darles tiempo para pensar y de ser necesario fijar una nueva reunión en la que tratar el tema y revisar los avances

Sus perfiles como líderes.

Dominante. Líder pragmático, con capacidad de reacción, rápido, competitivo, firme. Preferencia de trabajo: Control.

Influyente. Líder animador, orientado al dialogo, intuitivo, curioso, creador de clima social. Preferencia de trabajo: Comunicación.

Estable. Líder estable, con capacidades de reflexión, orientado a la puesta en práctica, predecible. Preferencia de trabajo: Implementación.

Concienzudo. Líder analítico, con capacidad evaluadora, planificador, riguroso, objetivo. Preferencia de trabajo: Planificación.

Pareciera algo muy duro, decir que una persona está definida por una de estas personalidades, pero recuerda que en el test DISC, una persona tiene las 4 personalidades solo en porcentajes diferentes, por lo que si alguien es Dominante y su segunda personalidad es Influyente, será un líder fuerte, pero a la vez suavizado con el trato a las personas.

Aunque si tienes una persona Dominante-Concienzudo, tal vez debas pensártela para colocarlo como encargado frente a un grupo, ya que será una persona muy enfocada en las tareas y casi nada en la gente.

Los estilos Dominante e Influyente son extrovertidos y los estilos Concienzudo y Estable son Reservados.

Los estilos Influyente y Estable son orientados a la gente y los estilos Dominante y Concienzudo son enfocados a las tareas.

Podemos imaginarnos algo como esto.

	EXTROVERTIDOS		
T A R E A	DOMINANTE	INFLUYENTE	**G E N T E**
	CONCIENZUDO	ESTABLE	
	RESERVADOS		

Como te comenté antes, nada es absoluto, pero es algo bueno para empezar.

Hay en Internet varios sitios que ofrecen test DISC, algunos gratis, la mayoría de pago, pero si crees que es algo que te puede servir, sin duda vale la pena invertir un poco en ello.

Si conoces como tener conversaciones que den resultado, como influenciar y sobre todo como motivar a una persona tienes una gran parte del camino al éxito de tu negocio asegurado.

¿Y tú quien eres?

Realiza contigo antes que con nadie el test DISC y empieza por conocerte primero tu mismo.

La idea es tener como dijimos al principio de este apartado bases de conocimiento para saber qué es lo que mueve a una persona, que lo hace feliz, etc.

Todo esto debe ser utilizado con un sincero sentido de apoyo y para el buen desarrollo nuestro y de las personas que nos rodean y colaboran en nuestro éxito, ya que si utilizas estas herramientas de manera no adecuada, te puedes convertir en una de esas personas que todos debemos evitar.

4.9 - Contagiar tu pasión

Puede suceder que tú tengas mucha motivación y te apasione lo que deseas lograr, pero tengas dudas de cómo transmitir esa fuerza a tus colaboradores.

Es algo súper básico que encuentres la manera de contagiar esa pasión a la gente que te rodea.

Si no logras que tus colaboradores trabajen con pasión, su trabajo va a ser como cualquier otro, aburrido y monótono; y por lo tanto ¿Qué crees? Pues los resultados también van a ser así, aburridos y monótonos.

Y cuando se trabaja con pasión, tu trabajo en vez de cansarte te llena de energía y esa energía la compartes con otros, es como cuando bostezas y que alguien te ve hacerlo, es inevitable que en algún momento empiece a bostezar también. O cuando le sonríes a alguien, tarde o temprano también le vas a contagiar esa sonrisa.

Entonces ¿Cómo contagiar nuestra pasión?

¿Cómo hacer que otros la sientan, la trabajen, la vivan y la hagan crecer?

Puedes empezar conociendo el DISC de tus colaboradores, para ver que los motiva.

Pero lo principal es hablar de lo que te apasiona con tus colaboradores, ya que esa pasión que tú sientes inevitablemente se te va a notar, va a salir de ti en tus palabras, en tu tono, en tus ojos, es algo que simplemente no vas a poder ocultar.

Dice alguien en un foro de Internet "cambiemos el mundo un apasionado a la vez".

Eso lo logras haciendo que quienes te rodean entiendan el sentido o propósito de su trabajo, de lo que son parte, de adonde quieres llegar junto con ellos y como lo que ellos hacen encaja en el gran engrane de los objetivos de tu negocio.

Si logras transmitir eso, no solo les estarás enseñando a hacer su trabajo de una forma que lo disfruten, sino que les estás dando una base para que ellos crezcan y encuentren mejores maneras de hacer las cosas, para lograr tu gran objetivo.

4.10 - Contar y enseñar tu plan.

Motivado por tu pasión y con claridad sobre lo que deseas conseguir es indispensable que tengas un plan de trabajo o negocio.

Al contar con este plan de negocio por escrito, tienes una meta de éxito a la que deseas llegar, la cual es tu guía en tu trabajo diario y en el de tus colaboradores.

Recuerda que un negocio es una empresa comercial, rentable que funciona bien sin ti, y para lograr esto debes sistematizar la operación de tu negocio.

El mayor obstáculo para el crecimiento de un negocio o quien lo limita es el dueño.

Los sistemas te ayudan a apalancar tu negocio, lo que es hacer cada vez más con menos y logran hacer precisamente que tu negocio funcione de manera consistente, aún sin que tú estés ahí.

¿Qué debes sistematizar? Las rutinas. Hablemos un poco de esto a grandes rasgos, ya que esto es parte de un tomo futuro.

Considera que si haces una tarea sin escribirla, estás destinado a hacerla siempre tú mismo. ¿Notas la importancia de sistematizar?

Tu negocio de éxito, debe ser sistematizado como una franquicia, como si tu objetivo fuera prepararlo para duplicarlo muchas veces.

Debe contar con sistemas probados de cada actividad que al aplicarlos de una manera específica se lograrán buenos resultados.

Una vez sistematizado todo tu negocio, el personal debe ser capacitado para seguir los procedimientos.

¿Qué puedes utilizar para sistematizar?

Políticas, procedimientos, formatos, listas de verificación, software, videos, fotografías, etc.

¿Cómo sistematizar un proceso?

1. Elabora un diagrama ordenado del proceso completo.
2. Ordena cada paso que se realiza, incluye en cada uno las listas y formatos que necesita para sus verificaciones, uso de software y lo que sea necesario para hacer bien cada paso. Divide cada paso en pasos más pequeños.
3. Pídele a alguien que realice esa actividad siguiendo el procedimiento hasta que lo haga bien.
4. Capacita al personal en los procedimientos.

5. Incluye ese procedimiento en tu manual de operaciones.

6. Crea un programa completo de inducción para nuevos empleados.

Hay una jerarquía que se sigue en la sistematización a la cual te debes enfocar, los sistemas manejan tu negocio, la gente maneja los sistemas y tú diriges a la gente. En ese orden.

Debes documentar todos los procesos dentro de tu negocio, como por ejemplo:

- Proceso de la venta (incluir guiones de venta, de objeciones, formatos de seguimiento de prospectos y clientes, formatos de seguimiento postventa, metas mensuales, medidores de desempeño, etc)
- Procesos de supervisión
- Procesos de Marketing
- Presentación de propuestas
- Cobranza
- Reclutamiento de personal
- Elaboración de estados financieros
- Etc.

¿Por dónde empiezo?

Preguntas, respuestas, soluciones ¿recuerdas?

¿Qué tareas se realizan de manera rutinaria en mi negocio? ¿Qué actividades haces que una persona con un sueldo menor pueda realizar con un procedimiento? ¿Cuáles son los procesos de más valor para tu negocio? Etc.

Haz una lista de todos tus procesos y empieza a automatizar cada uno de ellos, la idea es que cualquier persona pueda realizarlo siguiendo esas instrucciones, de esa manera, vas caminando hacia tener un negocio exitoso que trabaje sin ti.

Hay 4 áreas claves en las que es indispensable sistematizar: Procesos y tecnología, Entrega y distribución, Evaluación e información y Gente y educación.

Esto lo menciono a muy grandes rasgos, solo para que tengas una idea general, esto se tratara a detalle en un tomo futuro junto con formatos, procedimientos detallados, etc.

Procesos y tecnología. Todos los procesos y tecnología necesaria que hace que tu negocio funcione adecuadamente. Se refiere a tener documentados entre muchos más procesos los siguientes: Documentar e ilustrar todas las tareas en un manual de operaciones, Aplicar un sistema computarizado de control de inventarios, Documentar todos los sistemas de ventas y marketing, Sistemas de seguridad, etc.

Evaluación e información. Toda la información que debes conoces y tener para el crecimiento de tu negocio. Presupuesto mensual y anual, Tasas de conversión de cada vendedor, sistemas de compras, sistema de caja chica, numero de transacciones por cada cliente, declaraciones fiscales y pago de impuestos, etc.

Distribución y entrega: Los procesos necesarios para que tu negocio sea consistente y confiable delante de tus clientes. Empaques, manejo de existencias e inventarios, tiempos de entrega, seguridad, etc.

Gente y educación. Procesos necesarios para que tu negocio funcione adecuadamente y que tu personal esté preparado y motivado para conseguir tus objetivos. Sistemas de entrenamiento de personal, descripciones de puestos y cargos, programas de inducción, sistemas de resolución de conflictos, misión, visión y valores de la compañía, planes de carrera, etc.

Como puedes apreciar, es muy necesario que tengas un adecuado plan de trabajo y que este se aplique correctamente en cada una de las áreas clave para que tu negocio funcione de manera eficiente.

Este plan debe ser comunicado y enseñado a tus colaboradores según lo que ellos necesitan para desempeñarse con excelencia dentro del engrane del que forman parte en tu maquinaria de negocio.

Preguntas, preguntas. ¿Qué planes debo hacer y documentar? ¿Quién debe capacitar? ¿A quién se debe capacitar? ¿Cada cuando se debe capacitar? Contesta tus preguntas y aplícalo.

4.11 - Conclusión del Capítulo

Me cuesta trabajo reducir al mínimo útil la información que te presento, ya que son temas muy extensos, pero quiero cumplir mi promesa que te hice al inicio de este libro y ser especifico en lo que te comento, presentándote información que te sea de utilidad, solo espero estar consiguiendo hasta ahora ese objetivo.

Concluyendo este capítulo, puedes notar la importancia de estar motivado tú y tus colaboradores para conseguir tus objetivos, y sobre todo que la motivación sea correcta.

Te deseo encuentres dentro de ti lo que te mueve a dar lo mejor cada día y que tengas la capacidad para contagiarlo en forma de tu pasión a la gente necesaria en la búsqueda de tu objetivo: crear un negocio exitoso.

CAPITULO 5 – MIEDOS

"El miedo es el camino al lado oscuro". Star Wars®

Sin duda podemos fácilmente reconocer el gran daño que nos hace el miedo en todo aspecto de nuestra vida.

Es un lazo que nos atrapa y nos paraliza, que nos destruye por dentro y por fuera, que nos hace perder las más grandes oportunidades en la vida, que nos hace soltar lo que más amamos e incluso hace que nos rindamos cuando tenemos todo para ganar.

Ha provocado y permitido guerras, masacres, inquisición, oscurantismo, nazismo, fanatismos,..., etc.

Bueno todo tipo de atrocidades que la mayoría de las personas no nos podemos siquiera imaginar.

Es la fuerza negativa - muchas veces inexistente e inventada por nuestra mente - más dañina y más poderosa que domina en el mundo.

Si es tan dañina, tan mala ¿Por qué todos lo tenemos? ¿Por qué no nos deshacemos de él? ¿Por qué en vez de eliminarlo de nuestra vida, lo alimentamos y hacemos más poderoso?

¿Por qué decimos que es inventada por nuestra mente?

Cuestiones dignas de análisis.

En nuestro propósito de crecer y fortalecer nuestra mente para lograr una mentalidad digna de un negocio exitoso, de una persona exitosa, inevitablemente tenemos que enfrentarnos a este tema.

¿Cómo vencer a este enemigo la mayoría de las veces invisible? ¿Traicionero y que nos ataca desde lo profundo de nuestro ser?

Para vencer al miedo tenemos que entenderlo, saber que es, de donde proviene, que lo hace presente; y después atacarlo de manera racional, inteligente e incluso comprender que no siempre es malo tener miedo y que lo podemos utilizar a nuestro favor o que lo podemos convertir en nuestro aliado.

Lo que deseamos lograr es que el miedo no nos paralice y podamos avanzar hacia nuestras metas y objetivos de éxito.

Espero en este capítulo poder ayudarte a comprender un poco más sobre el miedo, como poder controlarlo y si es necesario como poder eliminarlo.

Empecemos entonces.

5.1 - ¿Qué es el miedo?

Vamos a hablar muy poco del miedo desde el punto de vista médico y psicológico, pero como te digo, poco, ya que no queremos hacer un tratado de tipo científico del tema.

Lo que quiero es que lo veamos desde la perspectiva que nos interesa a nosotros ¿Cómo nos afecta el miedo en la realización de nuestras metas y objetivos? ¿Cómo puede bloquearnos? ¿Cómo puede paralizarnos? ¿Cómo puede engañarnos? Pero sobre todo, ¿Cómo superarlo y hacer que trabaje a nuestro favor para conseguir nuestros objetivos?

Pero sí es importante que conozcamos lo que sucede en nuestro cuerpo, para en su momento aprender a controlarlo.

Según Wikipedia, el miedo se define como una emoción caracterizada por una intensa sensación desagradable provocada por la percepción de un peligro, real o supuesto, presente, futuro o incluso pasado.

La máxima expresión de miedo es el terror. También los miedos generan ansiedad y estrés, asesinos silenciosos de nuestro tiempo.

Según Sigmund Freud en su "Teoría del Miedo", existe miedo real si es claro que estamos frente a una amenaza, pero hay miedo neurótico cuando la intensidad del ataque de miedo no tiene ninguna relación con el peligro, o sea que nos estamos ahogando en un vaso de agua.

Otras teorías más actuales dicen que el miedo es algo aprendido o que es un conflicto de algo no resuelto en nuestro inconsciente que provoca tales miedos.

¿Dónde se genera el miedo?

En nuestro cerebro, en el llamado cerebro reptiliano que se encarga de regular acciones esenciales para la supervivencia como comer, respirar, dormir, y en el sistema límbico que es el encargado de regular las emociones como la lucha, la huida, evitación del dolor y en general las relacionadas con la conservación de la vida.

Este sistema revisa de manera constante, aún mientras dormimos, toda la información que se recibe a través de los sentidos, y lo hace mediante la amígdala cerebral.

Cuando la amígdala se activa se desencadena la sensación de miedo y ansiedad, y su respuesta puede ser la huida, el enfrentamiento o la paralización.

¿Cómo se siente el miedo?

Cuando se activa la amígdala, nuestro cuerpo pasa a sufrir entre otras las siguientes reacciones:

- Aumento de la presión arterial
- Aumento de la velocidad en el metabolismo

- Aumento de la glucosa en la sangre
- Detención de las funciones no esenciales
- Aumento de adrenalina
- Aumento de la tensión muscular
- Apertura de ojos y dilatación de pupilas
- Etc.

Y en serio, al ver todo esto, a quien no le va a dar miedo de que le dé miedo ¿verdad?

Si el miedo no se controla, puede convertirse en pánico, el cual puede definirse como miedo descontrolado.

En una ocasión un médico que hablaba sobre el tema lo comparó con un caballo desbocado, que si no se controla, puede ser muy peligroso.

Si se llega al punto de pánico, se desactivan nuestros lóbulos frontales, retroalimentando el miedo con los mismos síntomas que la persona siente como el ritmo cardiaco o la presión sanguínea y haciendo que se pierda la noción de la magnitud real del peligro y en muchas ocasiones se pierde el control sobre la conducta de uno mismo.

Entonces sucede que lo que sentimos con el miedo, hace que nos dé más miedo, creando un círculo vicioso.

Hay quien hasta puede llegar a desmayarse cuando se pierde el control de las emociones de esta manera.

Este claro está, es un miedo disfuncional, enfermizo, del que nos debemos librar si realmente deseamos avanzar hacia nuestros objetivos.

5.2 - ¿Cómo nos afecta en nuestras metas?

El miedo es una energía y como tal no se queda inmóvil, está en constante movimiento *generando resultados dentro de tu ser*, entre más tiempo le permitas a un miedo vivir dentro de ti, más grande se va a hacer y más resultados negativos va a provocarte. Es un parásito que te daña desde adentro hacia afuera.

Esos miedos a los que les permites vivir dentro de ti, con el tiempo generan verdades o creencias negativas que se manifiestan de diversas maneras, algunas en forma de excusas, malos hábitos y acciones negativas, y otras simplemente te paralizan.

Ese gran número de excusas que tienes para no lograr lo que te gustaría, son solo mentiras, creadas en tu mente por los miedos que ahí viven.

Por tanto, es seguro que si permites que los miedos controlen tu vida, de ninguna manera vas a conseguir tus metas y objetivos.

Regresemos a nuestro ejemplo del miedo a vender, sí miedo a vender.

Quien conoce este tipo de miedo (más de los que te imaginas) tiene mil formas "muy lógicas" de explicar y justificar por qué no es cierto que tiene ese miedo. No lo quiere aceptar. Te va a decir que el no es vendedor que no fue entrenado para eso, que tiene gente preparada para que haga esas tareas menores, que el sol le hace daño a su piel, que tiene pendientes muy importantes que hacer en la oficina, que lo suyo es coordinar a los vendedores y mandarlos a hacer ellos las presentaciones, que mañana sí va a ir, que hoy tiene que preparar la papelería en la oficina, etc.

La mayoría de las veces, una persona con este tipo específico de miedo no quiere aceptar que lo tiene.

Este miedo está relacionado con el miedo al rechazo. Y ¿Sabías que según encuestas, las personas le tienen más miedo al rechazo que a la misma muerte?

El rechazo duele. De hecho, un estudio de una universidad en Estados Unidos ha descubierto que tu cuerpo libera las mismas sustancias cuando sufres un rechazo que cuando te das un golpe.

El sistema analgésico del cuerpo se activa durante un rechazo como si reaccionara frente a una agresión física. Los autores del estudio se atreven a señalar que las personas más sensibles a los rechazos podrían tener algún problema en la producción de sustancias analgésicas al dolor por lo que les costaría más recuperarse de una experiencia negativa de este tipo.

Las conclusiones de este estudio demuestran dos cosas:

Es normal que el rechazo te afecte. Lo antinatural sería lo contrarío porque nuestro cuerpo está preparado para responder a él. Si alguien te dice que no le afecta, te está mintiendo.

Hay personas que genéticamente podrían ser más sensibles al rechazo. Por mucho apoyo emocional que reciban quizás nunca puedan ser capaces de eliminarlo del todo, así que no te preocupes si ése es tu caso. Por ahora acepta que es normal que el rechazo te afecte.

Y por lógica, queremos evitar a toda costa situaciones que nos causan dolor.

Y por ende, nuestro negocio y proyectos van a ir mal, ya que algo de lo más básico como vender y generar dinero nos lastima.

Entonces lo que debemos hacer es empezar a pensar en maneras de disminuir ese dolor.

Otra cosa muy relacionada con la anterior que nos puede lastimar es el hablar en público, lo cual es básico a la hora de hacer presentaciones de nuestros productos o proyectos, o incluso vender nuestros servicios.

Imagínate frente a una grupo de directores de una empresa importante, todos mirándote fijamente a los ojos, algunos haciendo muecas de enfado, otros impacientes de que no vaya a ser una pérdida de tiempo, otros pensando en que como te atreves a tratar de venderles una idea o producto como si fueras más listo que ellos.

Y tú empiezas a sudar por la nuca, te empiezas a sentir incómodo, los músculos de tu garganta se tensan y esta se inflama, empiezas a carraspear, a ver a todos lados pero sin ver a nadie realmente, te empiezas a sentir mareado y con algo de nauseas, tu voz no sale... bueno mejor ahí le dejamos.

A lo que vamos, es que si no vencemos esos temores, de ninguna manera vamos a lograr nuestros objetivos y convertirnos en personas de éxito, ni vamos a sacar dinero.

Tú eres capaz de hacer una presentación que impresione a cualquiera que te escuche; el conocimiento y habilidades ya las tienes más que sobradas, ya solo nos falta un pequeño detalle, crear seguridad en ti.

Este es el propósito de este capítulo: ayudarte a ser una persona capaz de vencer esos miedos, fobias o inseguridades.

149

5.3 - El engaño del miedo

Debido al miedo, nuestra mente nos convence de que las cosas no funcionan debido a factores externos.

Empezamos a culpar a todo lo que nos rodea del fracaso de nuestros proyectos; pero retomando el ejemplo del punto anterior en el que nos dio pánico al momento de hacer una presentación importante ¿A quién podríamos culpar de ese fracaso? ¿A alguno de nuestros empleados? ¿Al pobre de sistemas? ¿Al gobierno? ¿A la economía?

Bueno ahí no podemos culpar ni siquiera a la corrupción.

¿A que quiero llegar con esto?

A que si no aceptas tus miedos, a que si no los identificas con claridad, no podrás arreglar los asuntos.

Recuerda: para solucionar algo, primero debemos entenderlo bien, e incluso poder explicarlo.

Por tanto, no te dejes engañar por el miedo; es cierto que te causa dolor, es cierto que no va a ser fácil vencerlo, pero te aseguro que es posible y el primer paso es aceptar que lo tienes, que te limita, que te paraliza.

Ahora debemos entenderlo, sentirlo, saber que lo provoca y poder explicarlo, para poder hacerle entender a nuestra mente por qué no debe temer mas, para no volver a dejarnos engañar por el miedo. Para no volver a huir del éxito, de nuestros sueños que están a solo un paso.

¿Cómo podemos identificar nuestros miedos?

Toma una hoja de papel y empieza escribiendo una lista de las cosas a las que evidentemente les temes, a todo lo que le temas: las alturas, la profundidad, lo cerrado, velocidad, la oscuridad, hablar en público, etc.

Ya que te dé trabajo identificar más miedos, empieza a poner en la lista las cosas que te incomodan: estar entre mucha gente, que mencionen mi nombre delante de un público, que se burlen de mí, que me pongan apodos, etc.

De lo que se trata es de empezar a identificar nuestros miedos y racionalizarlos.

También debemos empezar a buscar formas controladas de enfrentarlos, de irnos dosificando del veneno e intoxicación que nos provoca en nuestra mente y cuerpo.

Pero lo que deseamos conseguir en este punto es poner en evidencia nuestros miedos, identificarlos para tener ya claro los objetivos que vamos a atacar. Porque eso es lo que tú y yo vamos a hacer, vamos a atacar esos miedos tan fuerte que otros que están por ahí escondidos van a salir huyendo aún sin que te des cuenta.

Y finalizo este punto diciendo, que el engaño más grande del miedo, es que la verdad, eso a lo que le temes, no existe, solo es una idea, una sombra inventada, una mancha imaginaria que está solo en tu mente, por lo que tal como una mancha real, debemos quitarla de ahí.

Debemos ver la realidad de las cosas y entender que la mayoría (casi todos) de los miedos NO EXISTEN.

5.4 – ¿De dónde vienen los miedos?

Cuando somos niños le tememos a cosas desconocidas, a cosas que consideramos pueden ser un peligro real que amenaza nuestra propia vida.

Lo cual es válido, ya que esa es la razón de ser del miedo en nuestro organismo, proteger nuestra existencia, esos son miedos sanos.

Pero cuando crecemos ya no le tenemos miedo a la oscuridad, a quedarnos desprotegidos de nuestros padres, a perdernos, no ya no le tememos a muchas cosas que amenazan nuestra existencia, incluso en ocasiones practicamos deportes extremos y peligrosos, entonces, ¿Cómo se meten a nuestra mente esos miedos?

Pues es interesante que gran parte de los miedos que tenemos no son nuestros, son miedos aprendidos, así como lo oyes, nuestros padres, tíos, hermanos mayores y demás personas con las que hemos tenido contacto a través de nuestra vida nos contagiaron sus miedos. Eran personas en las que confiábamos para nosotros sentirnos seguros y bueno, si el que me protege le tiene miedo a algo, yo con cuanta más razón voy a tenerle miedo ¿no lo crees?

Otra cosa que ha creado miedos en nosotros son las creencias que adquirimos también a lo largo de nuestra vida, como vimos en un capítulo anterior, muchas también influenciadas por las personas que nos rodeaban y situaciones que vivimos.

Si creemos en nuestra mente que algo es verdad, pues para todo nuestro ser así será, no importa que no sea real.

Otra cosa que nos genera miedos, es el ensimismarnos, o pensar demasiado en nosotros mismos, en lo que hicimos, en si salió muy bien o no o sea en ser perfeccionistas o muy exigentes con nosotros mismos, en pensar demasiado en la opinión de los demás. Tú debes hacer tu mejor esfuerzo en todo lo que hagas, pero no te debes estresar por si algo no salió perfecto, la siguiente vez solo corrígelo.

Un asunto no importa como haya salido, se hace, se olvida y se sigue adelante, es como un negocio, lo haces y no te quedas pensando en él, sino que piensas en el que sigue como si el anterior ya no existiera. Porque si te quedas pensando en lo pasado te desenfocas de lo que está delante de ti y lo puedes perder.

Aún hay otros que tienen miedo de fallar cuando estén haciendo algo, y como tienen miedo de fallar, pues se ponen tan nerviosos que fallan. Es como fallar por miedo a tener miedo, y por extraño que suene es también muy común.

Entonces debes desarrollar confianza en ti mismo, en que lo que tú haces estará bien hecho, porque si tú mismo no confías en ti, ¿cómo esperas que otras personas confíen en ti y tu trabajo?

Como los miedos se generan en nuestra mente, debemos tener cuidado de lo que le metemos, que tipo de pensamientos tenemos, porque estos son un resultado tóxico de algo con que alimentamos nuestra mente. Nuestra mente crea grandes cosas, pero también puede destruirnos.

Vamos a hacer un ejercicio. Toma una hoja de papel y piensa en un miedo que tienes muy identificado.

Responde lo siguiente:

¿Cuándo lo sentiste por primera vez?

¿Qué estabas haciendo?

¿Con quién estabas?

¿Qué relación tiene esas circunstancias que recuerdas con las que ahora te provocan ese miedo?

Lo que quiero es que trates de identificar en tu pasado el origen de ese miedo, porque te aseguro que no naciste con él.

Practica este ejercicio, haciendo preguntas SMART. Cuando las respondas podrás comprenderlo y explicarlo.

Finalmente, si sientes que miedos irracionales invaden tu vida, puede ser un desequilibrio químico en tu cuerpo y puede ser necesaria la ayuda de un profesional.

O si algún trauma de la niñez te provoca ataques de pánico u otro tipo de problemas, no lo dejes, tú mereces tener una vida sin miedo, busca ayuda.

En este punto quiero que sigas identificando el origen de tus miedos.

5.5 - Lo que hacemos o no hacemos por miedo

Siendo honesto contigo mismo, ¿Qué cosas podrías confesar que has hecho por miedo? ¿O qué cosas has dejado de hacer por miedo?

En tu vida personal y profesional ¿Qué cosas has perdido debido al miedo?

155

Si te atreves, te invito a detenerte un momento, tomar una hoja de papel y escribir una lista de las cosas que recuerdas dejaste ir, sin otra razón, que tener miedo.

¿Dejaste de pedirle a una chica que fuera tu novia por miedo a que te rechazara? ¿No invitaste a alguien a bailar? ¿No pediste ese aumento que te merecías? ¿No empezaste ese negocio? ¿Dejaste que pisotearan tus derechos por miedo a hablar?

Voltea esa hoja y en la parte de atrás escribe una lista de las cosas que quieres hacer en este momento, ahora en tu vida y que sabes te estás deteniendo por miedo.

¿Vale la pena luchar por eso?

Ya muchas cosas del pasado tal vez no sea posible recuperarlas, pero no se vale seguir dejando pasar oportunidades únicas en la vida, porque algo dentro de nosotros mismos nos dice que no somos capaces de logarlo.

Esto me recuerda algo que vi años atrás: fuimos al circo con unos amigos, en ese tiempo aún había animales en el circo, y claro no podía existir un circo sin los impresionantes y poderosos elefantes. Y nos llamó la atención que antes de entrar había como 4 elefantes en fila, atados con una muy delgada soga y ésta amarrada a una estaca que casi se caía sola.

Nos preguntamos, como era posible que seres tan grandes y poderosos estuvieran dócilmente atados con algo tan frágil.

Alguien nos explicó que desde pequeños esos elefantes se ataban a una soga fuerte y con una estaca bien clavada, y que por más que el pequeño elefante tratara de soltarse nunca lo lograba. Eso se hacía por un tiempo y él aprendía que no podría soltarse.

Ya que eran adultos, seguían creyendo lo mismo, que no podrían soltarse de una estaca a la que los ataban, tanto lo creían que ya ni lo intentaban.

Lo mismo nos puede pasar, somos tan poderosos e impresionantes, pero seguimos creyendo en engaños que nos atan, que nos hacen sentir débiles como cuando éramos chicos, tan así que ya ni intentamos luchar contra eso.

El Elefante atado a la estaca, con un pequeño movimiento se podría liberar, igual tu, solo necesitas hacer un pequeño movimiento y creer un poquito en ti para así liberarte del miedo que te ata.

¿No te gustaría ser libre de ese miedo?

¿Sabes que con un pequeño movimiento puedes empezar a lograr todas tus metas?

¿Estás listo?

5.6 – ¿A que le temes?

En un capítulo anterior vimos el ejemplo del nadador que duda; como en el momento que se da cuenta que está avanzando hacia su objetivo, se empieza a atemorizar.

Aquí lo quiero retomar porque se relaciona con miedos que es imprescindible vencer para avanzar.

Aunque cada persona somos diferente, generalmente tiene que ver con tener miedo a adquirir responsabilidades o defraudar a quienes confían en nosotros, y claro eliminar esta falta de confianza en ti mismo es básico, ya que, repito, si tu no confías en ti mismo ¿Cómo podrían otros confiar?

Hay un poema escrito por Marianne Williamson y leído por Nelson Mandela en su discurso de investidura como presidente de Sudáfrica en 1994.

Habla de autoestima, de no tener envidias, de la falsa modestia, de no avergonzarse de lo que uno hace bien y como no debemos temer mostrarlo a otros, ya que podemos inspirarlos también:

Nuestro miedo más profundo no es que seamos inadecuados.
Nuestro miedo más profundo es que somos poderosos sin límite.

Es nuestra luz, no la oscuridad lo que más nos asusta.
Nos preguntamos: ¿quién soy yo para ser brillante,
precioso, talentoso y fabuloso?
En realidad, ¿quién eres tú para no serlo?
Eres hijo del universo.
El hecho de jugar a ser pequeño no sirve al mundo.
No hay nada iluminador en encogerte para que otras
personas cerca de ti no se sientan inseguras.
Nacemos para hacer manifiesto la gloria del universo que
está dentro de nosotros.
No solamente algunos de nosotros: Está dentro de todos y
cada uno.
Y mientras dejamos lucir nuestra propia luz,
inconscientemente damos permiso a otras personas para
hacer lo mismo.
Y al liberarnos de nuestro miedo, nuestra presencia
automáticamente libera a los demás.

Te invito a leerlo con detenimiento, porque muchas veces
nos asusta lo que somos capaces de hacer, muchas veces
nuestra mente no está preparada para el éxito y si lo
tenemos, en vez de hacernos sentir bien, nos hace sentir
mal.

Entonces ¿A qué le tememos? *A nuestro propio éxito.*

¿Por qué? Porque nos han dicho tantas veces a través de
nuestra vida que no somos suficientes, que no valemos lo
suficiente, que no lo merecemos, que no podemos.

Tanto se nos ha dicho esto, que lo hemos creído desde lo más profundo de nuestro ser, como si nuestro ADN hubiera sido modificado con esta idea y ahora por más que lo intentemos fallamos. ¿Pero quién nos hace fallar? Nosotros mismos.

Detecta si este problema existe en ti, ya que si lo tienes y no lo resuelves, siempre te estará frenando y no te dejará terminar ninguna meta importante.

Sé que te recomiendo mucho tomar una hoja de papel y escribir o hacer listas, pero créeme que es una forma muy práctica de aclarar las ideas y descubrir cosas que de otra manera no alcanzamos a percibir.

Dicho eso, toma una hoja de papel y escribe como te sientes antes de empezar una meta o realizar algún evento importante para ti (¿Piensas mucho en ello? ¿Te da nervios prepararlo? ¿Te sientes tenso desde que te enteras que debes hacer eso? ¿Estás nervioso antes de empezar? ¿En qué partes de tu cuerpo sientes los nervios?), después trata de describir como te sientes mientras lo estás realizando (¿Qué parte de tu cuerpo sientes que se afecta? ¿Te tiemblan los pies? ¿Se te corta la voz? ¿Se te tensan los músculos del cuello? ¿Se te espesa la saliva? ¿Te da risa? ¿Sientes nauseas? ¿Te sientes algo mareado? ¿Qué sientes cuando la gente te observa hacerlo? ¿Que sientes al escuchar tu voz y los demás en silencio?) y finalmente escribe una lista de cosas que sientes que te afecten positiva y negativamente al finalizar.

¿Qué sientes cuando alguien te felicita porque hiciste un muy buen trabajo? ¿Qué sientes si alguien te critica? ¿Si te hacen alguna observación para mejorar? ¿Cómo te sientes si sientes palabras de envidia de alguien?

¿Cómo te sientes tú sobre tu trabajo? ¿Cómo te sientes si sabes que hiciste un muy buen trabajo? ¿Cómo te sientes si sabes que tu trabajo estuvo pésimo?

Lo que quiero es que identifiques cual es la parte que te pone más nervioso, si antes de empezar, mientras lo haces o al finalizar. Y ya que sepas donde te pones nervioso ahora identificar que exactamente te pone nervioso en esa parte, porque en el momento que identifiques el punto exacto que te lastima, vas a poder tomar medidas para superarlo.

Te pongo un ejemplo. Hay quien se pone muy nervioso cuando está hablando y la gente lo mira fijamente. Pues una manera de superar esto es practicando su presentación en voz alta frente a un espejo varias veces, escuchando y observando cómo lo ven realmente y no como una mente nerviosa se imagina que lo ven. Incluso aquí puedes practicar que ademanes y palabras tendrían más impacto en tus oyentes, que gestos de la cara los impresionarían más o los impulsarían a actuar, etc.

Otra forma de vencer esto, es acostumbrándote a escucharte en voz alta. Consigue donde grabar tu voz y escucha tu presentación una y otra vez, esto te permite que no te pongas nervioso al escuchar tu voz mientras todos los demás estén en silencio, pero también vas a ir corrigiendo tu discurso o presentación a algo muy bueno, donde vas a adquirir aún más confianza porque lo que vas a presentar va a ser de calidad.

Busca en revistas o imprime rostros preferentemente a tamaño real, pégalos frente a ti mientras practicas, para que sientas que te están viendo.

También practica frente a tu familia, amigos o alguien de confianza. Aprovecha cualquier oportunidad para hablar frente a un grupo, entre más personas sean mejor, aunque al principio lo hagas con nervios poco a poco vas a ir adquiriendo confianza.

A lo que quiero llegar es que en el momento que tú identifiques y tengas totalmente claro lo que te causa un problema, estimado lector, estás a punto de vencerlo.

Aunque se escuche simple, esto es de suma importancia, ya que la mayoría de las personas no quieren siquiera pensar en lo que les causa miedo, por tanto ¿Cómo van a resolverlo?

Y es lógico, si pienso en la pesadilla la vuelvo a revivir y vuelvo a sufrir, por tanto tienes que tomar la decisión de resolver un miedo y saber que para resolverlo vas a sufrir, pero que es algo por lo que vale la pena ese sufrimiento, porque repetimos, "todo lo que quieres está detrás del miedo".

Considera que te estás curando de una enfermedad muy dañina, y lamentablemente para curar esta, no hay una pastilla, ni siquiera una inyección.

La única manera de curar o vencer un miedo es enfrentándolo una y otra vez. No hay atajos, tienes que enfrentarlo hasta que tu mente se convenza de que no te puede hacer más daño del que tú le permites hacerte. No te asustes, adelante vamos a ver formas de cómo puedes enfrentarte a tus miedos de manera controlada.

Ahora bien como todos tenemos diferentes tipos de miedos, tú debes encontrar los que te dañan personalmente y resolverlos.

Haz tu lista, ya que la tengas toma uno a la vez, haz preguntas SMART, todo tipo de preguntas hasta que encuentres la manera de resolverlo.

No esperes que sea fácil, pero cada miedo que vayas resolviendo, te va a dar más carácter y la lucha te será cada vez más sencilla e irás creciendo como persona hacia el éxito.

5.7 - Tipos de Miedos

En este asunto hay muchas diferentes opiniones entre los mismos estudiosos del tema y la experiencia me ha enseñado que cada personalidad es única y por tanto requiere de un trato diferente, ahora sí que un trato personalizado.

En tu búsqueda al éxito personal y de negocios debes esperar encontrarte solo la mayoría del tiempo, por lo que no vas a poder pedir ayuda a nadie para resolver tus miedos, traumas o problemas; tú mismo tienes que aprender a resolverlos, eso es lo que te convertirá en una persona diferente al resto. Y no solo eso, también tienes que ayudar a tus colaboradores más cercanos a resolver sus asuntos que te impidan lograr tus metas; claro siempre y cuando sea conveniente para ti, caso contrario, con pena y todo debes deshacerte de los problemas que te impiden avanzar.

Acuérdate de esa frase: Si no sabes, te enseño, si no puedes, te ayudo, si no quieres... ahí te ves.

Bueno, regresando al tema hay quienes en psicología hacen una clasificación de miedos básicos, de los cuales según ellos nacen casi todos los demás temores:

1. Miedo a la muerte

   En su forma más básica se entiende como el temer por nuestra vida, por dejar de existir. De ahí se desprenden otros muchos temores como el miedo a las alturas, a la profundidad, al bungee jumping, etc.

2. Miedo a perder la autonomía

   Temer quedar atrapados, paralizados, inmovilizados, encarcelados o controlados por circunstancias ajenas a nosotros. Perder la libertad de movimientos. De aquí se desprenden miedos del tipo a quedar atrapados en un elevador, o estar en lugares muy pequeños, incluso miedo al matrimonio, en general cualquier miedo relacionado con perder nuestra libertad física, mental o emocional.

3. Miedo a quedarse solo

   Miedo a ser abandonados, despreciados, alguien que nadie quiera, rechazados; de ahí se desprenden los celos, la envidia.

4. Miedo a perder una parte del cuerpo

   Miedo a perder alguna parte de nuestro cuerpo, o que algo no nos funcione bien.

5. Miedo a sufrir daños al ego

   Miedo a la humillación, al ser avergonzados o algo que cause desaprobación en otros. De ahí se desprende el miedo al rechazo y a hablar en público

Como te decía antes, tu búsqueda a convertirte en una persona con una mentalidad fuerte es un camino solitario, por lo que es importante que conozcas los tipos de miedos que puedes tener tu y las personas con quienes interactúas, de esa manera te puedes preparar para reaccionar apropiadamente cuando sea necesario.

Aquí hago una consideración sin duda muy corta al respecto, pero quiero que entiendas que este es un tema muy grande y que merece tu atención e investigación más a detalle.

5.8 - ¿Es siempre malo tener miedo?

Con lo que hemos mencionado hasta ahora pareciera que el miedo es solo malo, pero ¿qué dirás si te comento que tiene su lado bueno?

¿Qué ocurriría si los humanos no tuviéramos miedo?

¡Simplemente moriríamos!

Sí, sin miedo, viviríamos de una forma tan temeraria que pondríamos constantemente nuestra vida en peligro y moriríamos muy pronto.

Entonces partamos de que el miedo no necesariamente es algo malo, tiene su lado tan bueno, que nos salva la vida.

¿Qué tal ese nuevo enfoque sobre el miedo?, es indispensable para seguir viviendo.

Con esto le quitamos de encima el título de malo absoluto y lo empezamos a ver con otros ojos por así decirlo.

Gracias al miedo nos retiramos cuando existe una amenaza. Esta amenaza puede ser para nuestra vida o para nuestra seguridad sea física o emocional.

Entendamos al miedo como una emoción que reacciona en función de nuestros patrones mentales, de nuestras creencias (capítulo 1) sobre lo que creemos es peligroso o no lo es. Eso lo podemos comprobar por el hecho de que nuestros miedos son diferentes a los de otra persona.

Para algunos el mayor miedo puede ser a la oscuridad, para otros el rechazo, para otros el hablar en público, etc. El punto es que podemos notar que la mayoría de las cosas a las que les tenemos miedo, tienen que ver con las creencias que aprendimos a través de nuestra vida.

Ya en capítulos pasados aprendimos como podemos eliminar o cambiar nuestras creencias, por tanto, la buena noticia es que la mayoría de los miedos también se podrán eliminar o al menos superar.

Entonces, como tal el miedo puede ser positivo, ya que nos ayuda a alejarnos de un suceso para el cual todavía no estamos preparados.

Si el miedo es funcional o normal, nos indica que aún necesitamos un tiempo de entrenamiento o espera para poder enfrentarnos a lo que nos lo provoca, aquí volvemos una vez más al hecho que con el entrenamiento apropiado podemos vencer la mayoría de los miedos, normales claro está.

El miedo también hace que nuestra mente esté más alerta con respecto a un asunto, y al estar más enfocado en algo, hacemos eso de una mejor manera que si no lo sintiéramos.

Es importante ver el miedo como algo natural, algo normal y no necesariamente malo, esto para "dejar de tener miedo al miedo" y ponernos en una posición de poder enfrentarlo.

Aquí deseo que te quede claro que el miedo es un rival normal, al que todos los humanos nos enfrentamos todo el tiempo y que no es para nada malo tener miedo.

Desde esta posición ¿Cómo lo atacamos?

5.9 - ¿Como vencer el miedo?

Como el miedo es mental, nuestra manera de atacarlo también debe ser mental.

Ya hemos visto en el transcurso de este capítulo algunas técnicas para enfrentar algunos miedos, pero aquí vamos a profundizar un poco más.

Aquí algunas recomendaciones que nos dan los entendidos en la materia:

Exponte progresivamente. Lo normal es evitar situaciones que nos provocan miedo, porque como ya se ha mencionado, el miedo nos lastima. Pero para vencerlo es crucial que lo enfrentemos, que nos expongamos a lo que nos provoca el miedo. Esto lo hacemos de manera progresiva, controlada.

Empezamos con situaciones que nos provoquen poca ansiedad hasta acostumbrarnos a esta, ya que la controlemos subimos el nivel a otra situación que nos provocaba aún mas ansiedad o nerviosismo.

En la bibliografía te recomiendo el libro "El Método" de Phil Stutz y Barry Michels, que precisamente se enfoca en darte herramientas que puedes usar en forma personal para enfrentar de manera controlada diferentes tipos de miedos.

En la técnica de La inversión del deseo se habla de cómo mientras no resolvamos nuestros miedos, somos como presos en un espacio muy pequeño llamado la zona de comodidad. Aparentemente la zona de comodidad es segura y te pone fuera de peligro, pero en realidad empequeñece tu vida.

Esa zona de comodidad es nuestro espacio en el que nos movemos para evitar el dolor que nos provoca enfrentar nuestro miedo, es la zona de evitación de nuestros temores, pero ¿por que decimos que empequeñece nuestra vida? Bueno, "si eres tímido y evitas a la gente pierdes la vitalidad que te da el sentimiento social. Si eres creativo pero no aguantas las críticas, evitas sacar tus ideas al mercado. Si eres un líder pero no sabes plantar cara, nadie te seguirá"

Entonces replanteando la frase ya conocida, detrás del dolor, hay posibilidades infinitas.

Para utilizar esta técnica, parafraseando de "El Método", elige una situación que sueles evitar (el miedo que deseas vencer, por ejemplo hablar en público, una llamada telefónica que aplazas, un proyecto que parece imposible o un trabajo solo aburrido, ser rechazado), ya que seleccionaste la situación, cierra los ojos, imagínate que te encuentras en esa situación (para ejemplificar voy a decir que estás dando una exposición frente a un grupo grande de personas), entonces cierra los ojos, relájate un momento, imagínate que estás frente a todas esas personas, todas te observan, hay silencio, están esperando que empieces a hablar ¿Qué sientes?, concéntrate y siente ese momento como si fuera real, mira a las personas frente a ti, mira sus expresiones ¿Qué sientes? Imagínate el dolor que sentirías en forma de una nube, una nube que está entre ti y el público, ahí en medio esta el dolor, sabes que si te toca te va a doler. Dirige tu atención en el dolor y grita en silencio "venga", siente como un intenso deseo de sentir ese dolor te hace entrar en la nube.

Sin dejar de avanzar, grita en silencio "me encanta el dolor", penetra en el dolor, fúndete en él, siéntelo completamente, siente como te lastima.

Sientes que la nube te avienta hacia adelante y se cierra a tus espaldas. Di dentro de ti "el dolor no me daña" al salir de la nube te sientes libre y hasta ves luces de color morado.

Esta es claro una adaptación de cómo lo percibo yo personalmente.

En resumen, la exposición progresiva, para que la puedas adaptar a tu situación personal es:

1. Concéntrate en el dolor que evitas, en la situación que te daña. La ves aparecer ante ti en forma de una nube gris. Grita en silencio: "ven", pidiendo el dolor; deseando sentirlo en ti.
2. Piensa solo para ti "amo este dolor". Siente como el dolor entra en todo tu ser y te atrapa completamente, en tu mente estas en esa situación.

3. Siente como esa nube de dolor te avienta y se cierra a tus espaldas. Di para ti mismo: "el dolor no me daña". Al salir de la nube, descansa y relájate.

¿En qué casos te sirve esta herramienta?

Primero. Cuando tengas que hacer algo incómodo, y que tengas miedo o alguna resistencia. Usa la herramienta justo antes de actuar.

Segundo. Cada vez que piensas en hacer algo doloroso o difícil. Si usas la herramienta cada vez que tengas esos pensamientos, acumularás una fuerza que llegado el momento te permitirá enfrentarte al miedo.

Analízalo y ve que es una técnica que te permite practicar de manera controlada y mental situaciones que te causan un alto nivel de estrés y aplicada apropiadamente te puede ayudar mucho.

Bueno, para una referencia completa sobre esta técnica, ahí tienes la recomendación en la bibliografía recomendada.

Fuera de esto haz una lista de preguntas SMART para identificar claramente tu miedo, las situaciones que lo disparan, como se manifiesta en ti de manera física y mental y sobre todo para descubrir cómo puedes resolverlo.

Recuerda que cada quien respondemos de formas diferentes a las soluciones propuestas y lo que a alguno le funciona puede que a ti no; lo importante es que tu empieces a descubrirte a ti mismo y que aprendas a controlarte.

Controla conscientemente lo que piensas. Además de exponerte gradualmente al miedo que deseas superar es importante que aprendas a detectar cuándo empiezan a aparecer los pensamientos que te provocan ese miedo. De manera consciente tienes que rechazarlos, y aprender a sustituirlos por otro tipo de pensamientos ó distraer tu mente.

Hay quien tararea una canción cuando siente que lo van a atacar esos pensamientos negativos, otros escuchan algo de música relajante si es posible en el momento, otros aunque te parezca raro, traen escrito alguna frase graciosa o un chiste, la idea es desviar la atención de su mente a otra cosa.

Un remedio de primer nivel para el nerviosismo es la risa. Sonríele a las personas a tu alrededor, salúdalas y platica con ellas, incluso no temas decirles que estás nervioso, las personas empatizarán contigo y eso te hará sentir que no estás solo en tu sufrimiento y que alguien te comprende.

De hecho, algunos se ponen muy tensos si sienten que su auditorio ve que están nerviosos, pero si ya les comentaste a algunos, eso te va a relajar.

Es importante que no te tomes demasiado en serio. Aprende a bromear de ti mismo y de tus errores con los demás, eso también relajará tu mente.

Racionaliza las cosas, dile a tu mente que el miedo que siente no es real.

Enfócate en lo importante que es para ti y para quien te escucha la información que les vas a presentar. Si es una presentación de ventas piensa en cómo tu producto o servicio va a ayudar a tu prospecto, como le va a ahorrar dinero, va a eficientar sus procesos, como te va a ayudar a ti, que lo que haces es algo de gran valor para todos y que no puedes dejar de hacerlo, que sería muy irresponsable dejar de hacerlo. Enfócate en eso.

Entre más veces logres desviar la atención de tu mente al miedo, este se irá olvidando y gradualmente en las siguientes ocasiones dejará de hacerse presente, hasta el punto en que muy de vez en cuando te vas a acordar de él (del miedo).

Recuerda combinar la exposición progresiva, la inversión del deseo, racionalizar tu miedo y la distracción de tu mente.

Evita profetizar. Evita pensar en que las cosas te van a salir mal, porque es lo que vas a atraer a tu mente y esta va a provocar que salga mal. Tú prepárate adecuadamente y no hay razón lógica alguna para que algo no salga como lo deseas.

Te pongo un ejemplo, si tú crees que una persona te va a rechazar lo más probables es que te pongas muy nervioso y a la defensiva, y que crees, pues ese comportamiento sí que va a hacer que te rechace, aún cuando luego te justifiques diciendo ¡sabía que me iba a rechazar!

Entonces, otra vez cuidado con lo que piensas y evita estar buscando señales de rechazo, más bien busca señales de aprobación y es lo que vas a encontrar.

Lo mismo ocurre en cualquier otro aspecto, piensa positivo, y deja de poner palabras y pensamientos en los demás, que no existen, que solo son producto de tus miedos.

Piensa positivo y afirma positivo. Como acabamos de ver, en la vida a menudo recibes lo que esperas. Y esto es especialmente cierto en las relaciones sociales. Cuando conoces a alguien nuevo, si esperas gustarle (por el motivo que sea), vas a gustarle. Y lo mismo si esperas no gustarle, también así va a suceder. En un estudio hecho en Canadá se demostró que utilizar afirmaciones positivas fundamentadas y basadas en hechos reales como "mis amigos creen que soy una pieza importante en su vida" proporcionaba más confianza a la gente a la hora de encarar una relación social, lo que a su vez se traducía en que gustaban más.

Entonces dile a tu mente una serie de afirmaciones positivas contrarias al miedo que deseas vencer.

Analiza lo que ha ocurrido. Incluso después de haber hecho todo bien, puede ser que seamos rechazados, que no logremos nuestros objetivos, que fallemos en nuestro cometido, que no venzamos como deseábamos.

Que hacemos ¿Nos damos por vencidos? ESO NUNCA.

Lo que sí debemos es hacer una lista de preguntas SMART (Que, quien, donde, cuando, porque, etc). ¿Qué hice mal?

¿Por qué no lo logre? ¿Cómo hubiera obtenido otro resultado? ¿etc?

La clave es no dejar que las emociones te controlen. Entre más rechazos y no tengas, entre más falles, créeme que más cerca estás de conseguir los sí que deseas y los resultados que mereces.

Entonces en este punto no dejes de encontrar las razones de por qué fallaste para que eso no vuelva a suceder

Preguntar por qué. En los casos en que sea posible, pregunta a quien te pueda responder eso, la razón por la que considera que fallaste, porque no conseguiste lo que deseabas según su punto de vista y qué cree que puedes hacer diferente para lograrlo la siguiente ocasión.

Las personas respetan a alguien que busca mejorar y superarse a sí mismo.

Si conoces a alguien experto en el tema en que tú estás fallando, no dudes en preguntarle y pedirle recomendaciones.

A quién te ha rechazado (ya sea un cliente que no ha querido comprar, un amigo o la persona que te gusta) pregúntale amablemente si te puede explicar en dos minutos el motivo del rechazo. Pero no intentes agradarle de nuevo. Si accede a explicarte por qué, escucha con mucha atención. Descubrirás que muchas veces el motivo por el que te han rechazado no tiene nada que ver contigo.

¿De qué otras maneras puedes vencer el miedo?

Sin duda hay muchas más formas de hacerlo, pero lo que yo quiero es que aprendas por ti mismo a descubrir la solución a los problemas que tienes ahora y los que se te vayan presentando a través del camino que has tomado.

Recuerda, es un camino solitario y oscuro en el que tú solo debes aprender a crear fuego para iluminarlo; y cuando lo hagas muchas personas te van a seguir para que los guíes. Cuando lo hagas podrás crear un negocio de éxito, de hecho podrás hacer prácticamente lo que tú quieras.

¿Vale la pena sufrir para vencer el miedo?

5.10 - ¿Cómo hacer que trabaje a nuestro favor?

La vida me ha enseñado varias veces lo difícil que es encontrarle lo educativo a las cosas malas que nos pasan, pero cuando se las encuentro se convierte en una experiencia única, que me da lecciones de esas que llamamos 'lecciones de vida'.

Es sin duda un reto encontrarle lo educativo a los miedos, pero vamos a intentarlo juntos, y digo juntos porque yo te voy a dar algunas pautas para empezar y después quiero que tú te conviertas en un estudioso de las lecciones de los miedos.

Estimado lector, si tú te conviertes en alguien que comprenda los miedos de las personas, guau!, ni en tus mejores sueños podrías imaginar lo que entender las peores pesadillas tuyas y de los demás te puede ofrecer.

¿Sabías que el miedo es uno de los más grandes motivadores para lo que hacen las personas? ¿Sus compras? ¿Sus ventas? ¿Dónde ponen a sus hijos en la escuela? ¿Dónde viven? ¿Lo que comen? ¿Lo que dicen? ¿Lo que piensan?

Entonces aprovecha y además de vencer tus propios miedos, piensa en cómo puedes ayudar a los demás a vencer los suyos y si tu meta es ganar mucho dinero, sin duda lo vas a lograr.

Bueno, veamos algunos aspectos en los que el miedo puede ser positivo para nosotros.

El miedo te protege. El miedo genera un estado automático de alerta que puede ser un gran consejo en las situaciones difíciles. El temor te hace poner mucha más atención de la normal a las circunstancias y te lleva a ser cauteloso para tomar decisiones fuertes.

Hay ocasiones en las que el miedo te dirá es ahora o nunca y otras en las que te aconsejará no precipitarte y pensarlo.

Estos estados serán tus parámetros para negociar y planear tus siguientes pasos.

El miedo te motiva y te hace crecer. Ábrete a sentir temor, deja que se asiente dentro de ti y luego vuelve a ser racional. Una vez que estés en control de tus emociones debes usarlas como tu motivador para superar situaciones difíciles.

Cuando le demuestras al miedo que se equivoca una y otra vez, ¿Qué crees? desarrollas confianza. Sin el miedo, no puede generarse esta característica ya que nace cuando vas logrando objetivos que antes creías imposibles.

Usado de la manera correcta, el miedo puede ser la emoción que más te empuje al éxito y te ayude a adquirir la confianza que requieres para lograr tus metas.

El miedo se puede usar para impulsarte. Trata al miedo como a cualquier otra emoción que existe en ti, como algo ni bueno, ni malo, como algo que cumple una función en ti. Hacer esto te ayudaría a entender cuán útil puede ser y que puede ser canalizado de una manera proactiva. Verías que el miedo es una de las energías que más pueden apuntalar tu camino al éxito.

Si empiezas a asociar el miedo con las oportunidades, podrás ver esta sensación como una fuerza que dirija la evolución de tu empresa y tu persona. No sólo eso, podrás descubrir la dicha de vencer tus propios límites.

Recuerda que todo lo que deseas se encuentra del otro lado del miedo.

El miedo te hace humilde. Una cualidad sin duda muy deseable en una persona exitosa es la humildad, el ser accesible, el mantener los pies en la tierra, el comprender mejor a los demás.

Eso lo logra el miedo. Te hace entender que necesitas de otras personas para lograr tus objetivos.

No veas entonces el miedo como algo tan despreciable que se debe destruir. Si logra hermosas cualidades en ti, tal vez no sea tan malo, tal vez no debemos sentir que nos ataca sino que es parte de nosotros, tal vez no debemos rechazarlo sino abrazarlo, tal vez entonces el miedo no es malo, tal vez solo es nuestra emoción más incomprendida.

Bueno, en este punto quiero lograr que dejes de temer el sentir miedo, que comprendas que es parte fundamental de ti, que cuida de tu propia vida, que solo debes aprender a usarlo. Entiende que tal vez lo que te ha pasado hasta ahora es que nunca te has dado a oportunidad de conocerte a ti mismo en esa parte profunda, donde te sientes vulnerable, donde quien te acompaña es tu cálido miedo.

¿No se te antoja escribirle un cariñoso poema a tu miedo? Ama y abraza tus miedos, si logras hacerlo, estarás en otro nivel mental y emocional, un nivel elevado de comprensión de tu ser, un nivel de éxito.

5.11 - Como tratar algunos tipos de miedos

Cuando aún no aprendemos a utilizar el miedo a nuestro favor es necesario prepararnos para tratar y soportar los efectos en nuestro cuerpo y en nuestra mente que provocan los miedos existentes en nosotros.

Si notas, en este capítulo hemos venido de un concepto negativo y temido del miedo, hasta un punto en el que deseamos conocer nuestros miedos, saber utilizarlos, saber controlarlos y beneficiarnos de ellos como lo que son: una emoción fundamental en nuestra existencia.

Hablamos claro está de miedos que existen solo en nuestra mente y que evitan o limitan nuestro crecimiento. Si hay un miedo real fundamentado hay que tener las precauciones apropiadas.

¿Cómo tratar entonces algunos tipos específicos de miedo?

En los primeros capítulos hablamos de cómo nuestras creencias aprendidas a través de nuestra vida crearon mucho de los miedos con los que hoy luchamos, y mencionamos las afirmaciones como una herramienta para quitar miedos y eliminar o cambiar lo que nos limita, ya que nos permite enseñarle algo diferente a nuestra mente. Entonces no dejes de utilizarlas para enfrentarte a tus miedos (Vuelve al capítulo 1 y ve la manera apropiada de utilizar esta herramienta), sin duda te será de mucha utilidad.

La mayoría de los miedos no reales se vencen enfrentándolos, esto es realizando la actividad que nos asusta una y otra vez, para grabar en la lógica de nuestra mente lo ilógico de ese temor.

La manera más inteligente de vences un miedo es usando precisamente la inteligencia, la razón. Escribe una lista de razones lógicas de por qué ese miedo es infundado y repítetela una y otra vez, hasta que esa sea tu verdad sobre ese caso que te asusta y junta ésta con tus afirmaciones para un mejor y más rápido resultado.

Dependiendo del tipo de miedo al que te estés enfrentando, observa las siguientes recomendaciones y ve cual te puede servir en tu caso específico.

Crea rutinas. Las rutinas de trabajo o el hacer las cosas de cierta manera pueden ayudarte a crear un entorno en el que te sientas seguro mientras trabajas en eliminar un miedo o fobia. Es importante resaltarte que las rutinas deben ser un marco temporal, ya que no queremos que salgas de una prisión para entrar a otra.

Desde dentro de tu espacio seguro debes empezar a trabajar en irte saliendo de tu zona de comodidad.

Pide apoyo. De algún compañero, familiar o amigo con quien puedas hablar sobre tu avance, sobre cómo has enfrentado tu miedo y que resultados estás obteniendo, y que te pueda dar sugerencias y te motive. Puede ser que te dé pena al principio hablar de lo que te aqueja, nadie queremos que piensen que estamos medio locos, pero todos en algún momento necesitamos un brazo que nos ayude a salir de un hoyo.

Haz tus afirmaciones. Esta herramienta aunque sencilla es muy poderosa si se realiza de la manera correcta. De hecho no importa que técnicas estés aplicando para vencer tu miedo, combina las afirmaciones y de seguro obtendrás mejores resultados.

Aprende a disfrutar la soledad. Muchos de los miedos tienen que ver con el no querer estar solos. Aprende a disfrutar la soledad. Aprende a relajarte en compañía solamente de tus pensamientos.

Sé puntual. Muchas veces nos ponemos nerviosos porque estamos haciendo cosas a última hora. Toma el buen hábito de ser puntual y te vas a evitar muchos dolores de estómago.

Aliméntate bien. Si tu cuerpo no está bien alimentado y de una manera sana, sin duda vas a tener desequilibrios en la química de tu cuerpo que van a terminar afectándote emocionalmente.

Descansa bien. Cualquier persona normal, si no descansamos lo necesario vamos a andar hasta temblorosos y débiles de nuestra mente, más aún si te estás enfrentando a un miedo en particular. Entonces duerme como un bebe, acuéstate temprano y levántate temprano.

Haz ejercicio. Si te es posible ejercítate al aire libre para que tu cuerpo se oxigene apropiadamente. El ejercicio elimina toxinas que son dañinas para tu cuerpo y que influyen en tus malestares emocionales.

Ten un hobby. Esto ayuda a mantener tu mente ocupada y evita que te lleguen pensamientos inútiles.

Alimenta tu mente. La música tranquila y relajante te pueden ayudar a mantener tu mente calmada y tranquila. La lectura sobre temas de tu interés también te ayudará a que tu mente no esté ociosa.

Mantente ocupado. Esto es muy importante para evitar que pensamientos inquietantes te invadan. Recuerda que el ocio es la madre de todos los vicios (creo que así dice).

Ayuda a otras personas. Esta es una muy buena manera de mantenerse ocupado y darle a nuestra mente energía que la hace sentir feliz y satisfecha, además que las personas a quienes ayudes lo agradecerán mucho.

Enfréntalo. Cada vez que te sea posible empuja tu zona de confort y enfrenta tu temor; no te desesperes, poco a poco esa zona de comodidad será más grande y el temor más pequeño. Lo importante es no dejar de luchar.

Elimina lo negativo. Las quejas, críticas, enojos y demás sentimientos y actitudes negativas elimínalas de tu vida, ya que muchas de estas de hecho fomentan el desarrollo de miedos.

Acepta el miedo. Cada vez que sientas tu miedo, trata de aceptarlo. Recuerda que es parte natural de tu vida, que sin él no vivirías. Agradécele que esté ahí cuidando de ti y dile que no te ataque tan fuerte.

Sé agradecido. Haz una lista de cosas excelentes y buenas por las que debes estar agradecido. Ve que tienes demasiadas cosas buenas a tu alrededor. Da las gracias por ellas e incluso por tu temor, por las cosas buenas que obtienes de él, aunque a veces te duela.

Haz rutinas de respiración. La respiración es algo muy básico en el correcto funcionamiento de muestro cuerpo y mente, y cuando estamos estresados lo primero que hacemos es empezar a respirar mal o incluso olvidarnos de respirar, lo cual por supuesto hará que todo vaya peor. Ten la costumbre de practicar ejercicios de respiración para relajarte y en los momentos de tensión no te olvides de respirar.

Personalmente hago algo muy sencillo: Donde me encuentre ya sea sentado o acostado, incluso de pie, relajo los hombros y el cuello (los suelto), tomo aire por mi nariz suavemente hasta llenar mis pulmones, en el momento que estoy tomando aire siento como este invade todo mi cuerpo y me imagino cómo se va distribuyendo a mis brazos, a mis pies, a mi cerebro, a todo mi cuerpo, lo sostengo 3 o 4 segundos y lo empiezo a soltar por mi boca suavemente. Hago esto una 3 a 5 veces y mi cuerpo se relaja, incluso mi pecho se relaja, mi diafragma se abre.

Bueno, en Internet hay muchos ejercicios de respiración explicados a detalle, puedes tomar alguno que te parezca bien y practicarlo.

El oxigeno en tu cuerpo es básico para sentirte tranquilo; si no respiras bien, por defecto el cuerpo se va a estresar y poner de inmediato en alarma, hiperventilarte, etc. No lo olvides "nunca te olvides de respirar"

No te tomes tan en serio. Esto es muy importante, ya que si te tomas muy en serio cualquier broma, mala mirada o alguna mínima sensación de que puedes quedar mal te vas a estresar. Relájate, bromea de ti mismo, de tus errores, no pasa nada.

Infórmate de tu miedo. Lee lo que puedas sobre el tipo de miedo o sobre cómo se manifiesta en tu cuerpo, para que no te sorprenda. Si sabes que te vas a hiperventilar porque vas a respirar más rápido, pues de manera consciente puedes empezar a respirar normal, si sabes que te va a doler el estómago, pues tal vez ese día evites comer mucha grasa, picante, gaseosas o algo que sabes te cae pesado. Si sabes que te va a temblar la voz ponte cerca un vasito de agua para dar un sorbo, o darte un pequeño masaje en los músculos de debajo de la oreja y tal vez no usar una camisa que te apriete el cuello.

Escribe sobre tu miedo. En este libro varias veces te recomiendo tomar una hoja de papel y escribir listas u otras cosas, esto es porque escribir sobre algo tiene un efecto aclaránte en nuestra mente, nos ayuda además a relajarnos y es como si nos explicáramos a nosotros mismos algo a detalle. Toma entonces una hoja y escribe todos los detalles sobre tu miedo, de donde proviene, que lo detona, en qué momento de tu vida crees que se hizo parte de ti, como te ha afectado, cómo crees que puedes vencerlo, que cosas podrás hacer cuando lo venzas, etc.

Simplemente. En otras ocasiones tal vez solo necesites tomarte unas vacaciones, cambiar de trabajo o cambiar de ambiente de trabajo. Si tienes a tu cuerpo y a tu mente en un constante estado de estrés, puede ser muy peligroso para tu salud; te puedes quemar. Recuerda que aunque el trabajo y el compromiso son importantes, lo es más tu buen estado físico y emocional.

Esto que te comento son solo recomendaciones generales. Cada quien somos diferentes y como ya hemos dicho, lo que le puede servir a uno, tal vez no le sirva a otro, por lo que debes aprender a identificar y manejar tu propio miedo.

Lo más importante es que tu sepas que es posible controlar cualquier miedo que puedas tener.

Solo no olvides que debes racionalizarlo, esto es, entenderlo a detalle, ya que en el momento que entiendes algo y lo puedes explicar ya es algo conocido para ti, ya deja de ser desconocido y por tanto, las más de las veces vas a dejar de temerle.

Muchos de los miedos van a desaparecer tan solo en el momento en que los comprendas.

Utiliza estas recomendaciones para vencer lo que te provoca estrés y enfrentarte a tus miedos, pero a lo que quiero llegar aquí es a que tú solo aprendas a identificar formas personales en las que puedas dominar tus miedos.

5.12 - Conclusión del capítulo

Empezamos este capítulo mencionando lo malvado que es el miedo, y lo terminamos hablando de lo normal y hasta útil que puede ser.

Lo que no se puede negar es que si te dejas dominar y paralizar por un miedo, tu vida va a estar muy limitada y claro, tus éxitos solo te los vas a poder imaginar.

Todo lo que quieres está del otro lado del miedo, pero recuerda que no necesariamente tienes que cruzarlo, también puedes llevarlo contigo, siempre y cuando no te lastime.

Espero sinceramente que este capítulo te haya ayudado a avanzar al menos un poco en tu arduo camino al éxito.

Desde aquí te envío mis mejores deseos, y no lo olvides ¿miedo? aquí no lo conocemos ☺ Sonríe.

CAPITULO 6 – ETICA EN EL TRABAJO

Ética, una palabra que se ha perdido en el tiempo. Mucho más su significado y aplicación.

Honestamente esperaba encontrar mucha información al respecto para enriquecer mi entendimiento personal al respecto, pero cuál fue mi sorpresa que si haces una búsqueda en Internet, la red que tiene toda la información del mundo, sucede que lo que encuentras al respecto es muy pobre y lo poco que hay es redundante (repetido).

Uno espera que haya miles de estudios, formas de aplicar y casos prácticos con sus beneficios, de algo que esperaríamos esté en todo ámbito de nuestra vida.

¿Quién no desearíamos que la ética nos rodee en cada aspecto de nuestra vida?

Pues no, lamentablemente estimado lector, es poco lo que vamos a poder encontrar referente a la ética, parece que está siendo borrada de la faz de la tierra, así como muchos otros valores morales.

Salí entonces a la calle y pregunte a algunos jóvenes de nivel bachillerato que conozco ¿Qué es ética? Y no me supieron decir.

Algunos ni siquiera habían escuchado esa palabra, otros solo dijeron que era una materia (educación cívica y ética), pero que nunca les habían explicado su significado.

No queriéndome dar por vencido, pregunté entonces a algunos jóvenes universitarios: ¿qué es para ustedes la ética?

"Una materia que llevan los de Derecho, si, también los de Administración creo que la llevan", "pues, hacer bien las cosas", "creo que ser bueno", "no robar, ni engañar" fueron las respuestas más acertadas.

Y claro al no conocerse siquiera la palabra, menos se conoce lo que implica.

Es evidente que el mundo que nos rodea no tiene en estima la ética en su vida y mucho menos en el trabajo, esto se hace evidente cuando más seguido de lo que nos gustaría vemos primeras planas en los periódicos, en la televisión y en las redes sociales de empleados y empresarios de todos los niveles envueltos en escándalos de robos, desfalcos, desviación de recursos (así se le dice al robo también para que no se oiga como robo), corrupción, etc. La falta de ética y sus "derivados" están dañando al mundo entero.

Por eso me parece de suma importancia mencionártelo en este libro, al titularlo "De Cero a Mente Millonaria" pensé, además de lo evidente que muestra el título, en que sea un libro que te ayude a enriquecer tu mente y tu ser de maneras que te permitan hacer negocios y dinero con un alto nivel moral.

Que seas rico en todo sentido, no solo en dinero, "pobre rico que lo único que tiene es su dinero".

Hablemos entonces de cómo podríamos revivir esta buena práctica y de los beneficios que podemos obtener al aplicarla en nuestra vida y trabajo.

Hablemos de cómo crear una mente rica también en ética.

6.1 - ¿Qué es ética?

Según Wikipedia "La ética, es la rama de la filosofía que estudia la conducta humana, lo correcto y lo incorrecto, lo bueno y lo malo, la moral, el buen vivir, la virtud, la felicidad y el deber."

Analicemos un poco este concepto, a mi ver, al momento en que se dice "es una rama de la filosofía que estudia"... algo, como que me da a entender que no tiene nada que ver conmigo, es algo impersonal, una materia que llevan los de ciertas carreras, como me dijeron unos jóvenes.

De ninguna manera pretendo impulsar un cambio en el significado derivado de su raíz etimológica, sin embargo, me da más sentido el griego *ethos* (manera de hacer o adquirir las cosas, costumbre, hábito) antes de usar el sufijo *ico* (relativo a) de donde se termina definiendo como la rama de la filosofía que estudia la moral y la manera de juzgar la conducta humana.

Los romanos traducen ética como *Philosophis moralis* o simplemente *Moralis* refiriéndose al carácter de un hombre y sus actos relativos a la moralidad.

Entonces digamos que ética es el estudio filosófico de la moral según los griegos, y según los romanos (moral) un conjunto de principios y valores que rigen los actos de una sociedad humana.

Para efectos de nuestro estudio me parece más claro el concepto desde el punto de vista romano y eso está bien porque moral también significa el conjunto de las cualidades y espíritu de una persona.

Entonces para nosotros.

Ética: "Conjunto de principios, valores, virtudes y cualidades morales deseables que rigen los actos de una persona o una sociedad"

Más claro ¿verdad?

6.2 - Sentido común

El sentido común son los conocimientos y las creencias compartidos por una comunidad y considerados como prudentes y lógicos. Se trata de la capacidad natural de juzgar los acontecimientos y eventos de forma razonable.

En otras palabras, lo que nuestro vivir diario nos ha enseñado.

Cosas lógicas como:

Si conduces con lluvia, por sentido común disminuyes la velocidad para no provocar un accidente y lastimar a otros o a ti mismo, ó, si vez que el día está muy frio por sentido común te abrigas.

La ética tiene que ver mucho con el sentido común, sí, con algo que es común y lógico para todos o la mayoría de los seres humanos.

Esto se complementa con un sentido del bien y del mal, con una "Conciencia" que todos y cada uno de nosotros tenemos en nuestro ser, una voz dentro de nuestra mente que nos dice lo que está bien y lo que está mal. Una voz que nos acusa o nos excusa dependiendo de qué tan disciplinada o educada esté esta Conciencia.

Desde que somos pequeños, en el momento que hacemos algo que creemos está mal, nos sentimos culpables. Esto es independiente de nuestra cultura o de nuestras creencias religiosas, es algo que está en nuestro ADN.

Entonces, utilizando nuestro sentido común, y si ya sabemos que la ética se refiere a cualidades morales deseables que deben regir la conducta o vida de una persona, y que esas normas de conducta deben conseguirnos una buena conciencia, debemos buscar y poder encontrar en cada uno de nosotros las cualidades y virtudes morales que debiésemos tener.

¿Qué cualidades o virtudes deberíamos tener cada uno de nosotros?

Qué te parece si hacemos lo de siempre, tomas una hoja y haces una lista de lo que para ti es moralmente correcto y en la parte de atrás escribe lo que te parece que no es ético.

Con esto buscamos como desde el inicio de este libro, desarrollar en ti estimado lector, un hábito de enfoque y razonamiento de las cosas, para que llegues a tus propias conclusiones.

6.3 - Vicios que evidencian falta de ética

Hablemos primero de lo que definitivamente nos descalificaría directamente de considerarnos una persona con ética.

Mentir. Alguien que miente destruye cualquier tipo de confianza que se pudiera generar entre las personas, cuando la mentira se descubre. La persona a la que le has mentido se siente traicionada y engañada y de verdad, desde el momento en que le mientes a una persona, esta ya nunca va a volver a confiar plenamente en ti.

Considera que mentir además de cambiar una verdad, implica decir verdades a medias o exagerar una verdad.

Las mentiras están por todos lados a nuestro alrededor en todo aspecto de la vida, las personas mienten sobre llegar tarde al trabajo, sobre el tiempo que trabajan, para evitar algún castigo, para conseguir algo que desean, para dañar a alguien, etc.

La mentira pone en evidencia la falta de ética de nuestro mundo, ya que prácticamente vivimos sobre mentiras.

Es importante comentar que debemos ser éticos y no mentir, pero no debemos ser tontos y dejarnos engañar. Si tienes socios o empleados, debes aprender a conocer a aquellos que suelen decir mentiras y sopesar que tanto vale la pena tener una persona trabajando contigo o trabajar con alguien que te puede dañar con sus mentiras.

Robar. Lamentablemente el robo es un vicio o mala cualidad que está muy difundida en nuestro sistema; ahora se dice "vergüenza no es robar, vergüenza es que te atrapen robando". La gente te roba en tu propia cara y con el mismo cinismo lo niegan (mienten), ya que quien es falto de ética va a tener varios o casi todos los vicios dañinos.

Apenas hace poco tiempo (no hace mucho que fui joven), se consideraba una verdadera vergüenza el robar, y los ladrones eran fuertemente castigados, pero al día de hoy ya se ve como algo normal☹.

Como decíamos antes, ahora se dice desvío de recursos, peculado, etc. como si utilizar frases rebuscadas le quitara lo vulgar al ladrón y a su acto, pero bueno que se puede esperar de un sistema carente de ética.

Lamentablemente las leyes protegen y premian a estas malas personas y lastiman y dañan a las víctimas.

El robo además de lo evidente se lleva a cabo en los tiempos trabajados, en la calidad de un producto o servicio, al engañar a clientes, al tomar cosas de nuestro lugar de trabajo, al evadir impuestos, al no regresar algo que sabemos a quién le pertenece, etc.

¿Te gusta el mundo en el que vives lleno de ladrones y cínicos mentirosos? Espero que no.

Extorsionar. La extorsión es un delito consistente en obligar a una persona, a través de la utilización de violencia o intimidación, a realizar u omitir un acto o negocio jurídico con ánimo de lucro y con la intención de producir un perjuicio de carácter patrimonial o bien del sujeto (ese es el concepto).

Es otra forma de robar, solo que con violencia e intimidación.

Ahora se nos extorsiona por medio del teléfono, redes sociales, correo electrónico, cobro de piso, reparto obligado de utilidades, pagos de protección, y mil maneras más.

Aunque en casi todos los casos es de dominio público el quienes cometen estos actos de extorsión, las autoridades no hacen nada, pues están en lo de "o plata, o plomo" (aceptas dinero o recibes una bala), y bueno eso cuando no son las mismas autoridades quienes hacen esos actos.

Repito ¿Te gusta eso? ¿Te gusta el mundo que ha creado la falta de ética?

Amenazas. Una persona que no tiene ética utiliza las amenazas para conseguir lo que desea como en el caso anterior. Cuando salimos a la calle, parece que es una competencia entre quien gruñe o grita más fuerte; es común ver personas que tratan de intimidar a otras utilizando amenazas de golpearla, de demandarla y quitarle hasta la camisa, de que se atenga a las consecuencias, de aventarle el vehículo encima, etc.

199

Un galletazo ahora que estás desprevenido: "Los débiles toman venganza, los fuertes perdonan y los inteligentes ignoran"

Sobornar. Hablamos de dar y recibir sobornos, ya sabes: "pues usted dirá como nos arreglamos" "póngase la del puebla" "dependiendo del apoyo su trámite sale entre hoy mismo a un mes" "oríllese a la orilla" "su licencia joven por favor" y decimos ya me fregaron ya que, y al darle dinero seguimos alimentando al monstruo que nos come a todos.

Fomentamos la corrupción a tal grado que en muchas partes el sistema ya no se mueve si no le das su mordida. (O el te da la mordida ¿no?)

Envidia. La envidia es un sentimiento o estado mental en el cual existe dolor o desdicha por no poseer uno mismo lo que tiene el otro, sea en bienes, cualidades superiores u otra clase de cosas tangibles e intangibles (Wikipedia).

La RAE (Real Academia Española para los que no sepan) la ha definido como tristeza o pesar del bien ajeno, o como deseo de algo que no se posee.

También no sé si te ha pasado que le das al envidioso lo que se supone que desea tanto, pero ya que lo tiene, lo desecha. Entonces de ahí sacamos que el envidioso no solo desea lo que tú tienes, en ocasiones solo desea que tú no lo tengas

Aquí me detengo un momento para advertirte: Quita de tu vida a una persona envidiosa. No importa si es tu hermano, tu tío, tu sobrino, tu mejor amigo, tu mejor trabajador, quien sea, quítalo de inmediato de tu vida, ya que si no lo haces, en el momento que menos te lo imagines te va a dañar y te va a despojar de lo que tienes. Si no lo haces, mejor regálale lo que tienes y tú ve a hacer otra cosa. (Aunque tal vez te siga a quitarte lo otro también)

Egolatría. La egolatría es una característica de la personalidad de algunos individuos que hacen constante alarde de una confianza excesiva en su propio potencial, cayendo en la auto-admiración y en el culto hacia sí mismo. Una personaególatra es también egoísta y pasa por encima de los demás y sus intereses (y los daña sin piedad) con tal de satisfacer su ego o intereses personales.

Hoy en día estamos rodeados de personas que solo buscan sus intereses sin preocuparse por los de los demás y para ello dañan a quien se cruce en su camino.

Traicionar. Lo mismo, las personas para satisfacer su propio deseo egoísta están dispuestas a hacer lo que sea necesario, incluido el traicionar.

Es un vicio muy característico del medio en que nos movemos, tan así que ya no podemos confiar en nadie.

Vengarse. "La venganza no es buena, mata el alma y la envenena" frase muy conocida de uno de los humoristas más grandes de todos los tiempos.

Una persona vengativa, es una persona peligrosa de la cual tenemos que estar lo más lejos posible, en nuestro camino hacia el éxito personal y profesional.

Y hay un proverbio popular que dice "antes de embarcarte en un viaje de venganza, cava dos tumbas"

De hecho la mayoría de las veces no hace falta vengarse, la gente mala se destruye sola.

Otras. He hablado apenas de nueve vicios o prácticas anti-éticas y aunque los he tratado muy por encima, ya llevo varias páginas al respecto y no deseo hacer un tema demasiado extenso.

Lo que busco desde el principio de este libro es que tu sepas identificar en ti y en otras personas las características que evidencian falta de ética, en tu caso para que las corrijas de ser necesario y en el caso de los demás para que sepas como protegerte.

Algunos vicios además de los ya mencionados que debes tomar en consideración, son: El ser **orgulloso**, ser **celoso**, ser **avaro**, ser **resentido**, ser **tacaño**, etc.

6.4 – Valores y principio de ética

Veamos ahora un pequeño listado de cualidades, que contrarias a las vistas en el apartado anterior, estas enriquecen nuestro entorno y deben ser fomentadas tanto en nuestro hogar como en el ámbito profesional.

En este listado no voy a buscar conceptos ni definiciones, quiero que juntos utilicemos el sentido común para entender estas y otras virtudes morales deseables.

Ser:

Trabajador. Hablamos de una persona que no es floja, que desempeña su trabajo de manera diligente, bien hecha. No está buscando pretextos para no trabajar, no pierde ni hace perder el tiempo a otros en cosas que no tienen que ver con su actividad actual. Es muy dedicado y muy aplicado a su trabajo.

¿Te gustaría tener colaboradores de este tipo? ¿Eres así?

Confiable. Una persona que cuando dice algo lo cumple en la forma y los tiempos acordados. Si yo tengo un empleado confiable y le digo que haga algo, yo desde ese momento me despreocupo del tema y ocupo mi mente en otro asunto, porque sé que esa persona se va a encargar de que esa tarea se haga apropiada y completamente.

No miente, no engaña, no exagera las cosas.

¿Inspiras confianza en los demás?

Responsable. Una persona que sabe exactamente cuáles son sus obligaciones y responsabilidades y las efectúa apropiadamente.

Alguien que de ser necesario hasta paga por algún daño que el mismo haya provocado, para él ¿cómo va a pagar otro por sus errores?

De origen esa palabra significa obligado a responder de algo o de alguien ¿Eres una persona que se siente obligado a responder de su trabajo?

Respetuoso. Es una persona que en su actuar toma en consideración los sentimientos de los demás. Se pregunta cómo le gustaría ser tratado y de esa manera trata a los demás.

Da un valor y consideración especial a los demás.

Disciplinado. La disciplina es la capacidad que tiene una persona de actuar de forma ordenada y hasta perseverante para lograr un propósito. Normalmente tiene que seguir un plan que el mismo u otros le imponen, junto con ciertos lineamientos que deben ser respetados.

Una persona de este tipo tiene buenos hábitos y se compromete con mucha decisión y compromiso con lo que decide hacer. Es ordenado y como dice el origen de la palabra, tiene una alta capacidad de dominar sus impulsos, en pro del logro de sus objetivos.

Agradecido. Es una persona que da las gracias por lo que recibe y tiene. La mayoría de las personas creen que merecen lo que reciben, una persona agradecida, da mucha importancia a quien hizo posible o colabora en lo que el recibe o logra.

También es un hábito de dar las gracias a quienes colaboran con él; da las gracias sinceramente.

Prudente. Alguien prudente es una persona que piensa antes de actuar, que calcula los riesgos de sus acciones y adapta o modifica la forma de hacer las cosas para evitar riesgos innecesarios.

Piensa en las consecuencias de sus actos, incluyendo sus palabras, para no ofender o lastimar a los demás.

Generoso. Tiene que ver con compartir lo que tenemos con otros sin esperar nada a cambio.

Podemos compartir además de bienes materiales, conocimiento, tiempo y apoyo.

En este punto es importante tener como límite en la generosidad el que no nos afecte lo que damos al punto de salir dañados.

Atento. Persona cortes y amable con los demás, que sabe escuchar.

Empático. Es alguien que se pone en el lugar de la otra persona, que siente su dolor, su alegría y demás sentimientos como suyos con el fin de ayudar. Incluso si no los siente, tiene cierta habilidad de interpretar esos sentimientos de forma positiva.

Tolerante. Una persona con esta cualidad es quien puede aguantar, soportar, aceptar y respetar a otros, aún cuando tengan formas de pensar, creencias o ideas diferentes a las suyas.

El tolerante lo es aún cuando lo que el otro piensa choque con sus creencias personales.

Aunque ser tolerante no significa aceptar sumisamente acciones que estén en contra con alguna otra cualidad moral.

Debes tener cuidado con lo que toleras de los demás, ya que les puedes estar enseñando como tratarte.

Valiente. Es una persona que tiene el coraje necesario para superar obstáculos y situaciones difíciles. Normalmente el valiente lo es por elección propia, o sea que está dispuesto a enfrentarse a las adversidades.

Un valiente no es aquel que nunca siente miedo, sino aquel que a pesar de sentirlo se atreve a seguir adelante.

Autocontrol. Es una fuerza que nos permite conservar la calma en situaciones complicadas. Nuestro estado de ánimo no cambia debido a las acciones de otra persona, no permitir que otros controlen la dirección de tu vida, no permitir que las emociones controlen nuestra inteligencia.

Sincero. Una bella cualidad moral. El que es sincero no miente ni finge, el habla y actúa según lo que cree y piensa realmente.

Paciente. Otra bella cualidad. La persona paciente tolera o soporta una situación difícil sin perder la calma, sin alterarse.

Algo sin duda muy raro en nuestros tiempos.

Autosuficiente. Podemos entender que es una persona con la capacidad de abastecerse a sí mismo en sus necesidades.

Hablando de una persona en su trabajo, podemos entender alguien que es totalmente capaz de realizar su tarea de principio a fin sin requerir de alguien más.

Puntual. Persona que no se retrasa, tanto en llegar a un lugar a una hora convenida, como en entregar un trabajo o cumplir un compromiso dentro del tiempo acordado para ello.

Equilibrado. Es una persona estable emocionalmente, que sabe controlar su yo.

Alguien con quien se puede hablar y esperar que sea razonable.

Persistente. Una persona que se mantiene firme y constante en su manera de ser. Alguien que termina una actividad que empezó sin importar si es difícil. Que no se rinde con facilidad.

Modesto. Aunque siempre hay que tratar de ser el mejor, nunca debemos creernos el mejor. Una persona modesta es una persona que está consciente de sus limitaciones, aunque se esfuerza por superarlas. No es alguien presuntuoso, es humilde lo cual lo hace grande.

Leal. Persona incapaz de traicionar o engañar. Alguien que es fiel a sus principios morales, a su palabra, a sus compromisos, principalmente a quien lo ha ayudado, protegido o siente que le debe algo.

Debes tener cuidado, ya que hay personas muy buenas para fingir lealtad, pero no son leales a ti, son leales a lo que tú tienes o representas, y en el momento en que lo que ellas necesitan o quieren cambia, también su lealtad.

Amoroso. Una persona que trata con ternura y consideración a los demás sin importar la situación o circunstancias.

Alguien que demuestra amor hacia su semejante.

Hace algún tiempo me llegaron por correo unas reflexiones, que alguna vez recuerdo haber leído en una revista de una compañía de vuelos colombiana, no sé quién será el autor real, pero te las presento aquí.

Pautas para la vida:

- Cuando estés solo, cuida tus pensamientos
- Cuando estés con amigos, cuida tu lengua
- Cuando estés enojado, cuida tu temperamento
- Cuando estés en grupo, cuida tu comportamiento
- Cuando estés en problemas, cuida tus emociones
- Cuando empieces a tener éxito, cuida tu ego

Agreguemos más sentido común con cosas como, no prometer nada cuando estamos felices, no responder si estamos enojados y no tomar decisiones si estamos tristes.

Imagina que las personas que están a nuestro alrededor demostraran estas cualidades ¡seria una belleza!

Creo que cualquier persona cuerda entiende que estas cualidades mejorarían totalmente nuestra vida y la vida de los demás.

Entonces ¿Por qué no las aplicamos? ¿Por qué se hace precisamente lo contrario?

6.5 - ¿Por qué se está perdiendo la ética?

Sin duda, una muy buena pregunta.

¿Por qué si sabemos que actuar con los valores de la moral y ética es bueno para todos, no lo hacemos?

Detente un momento y piensa en esta pregunta ¿Por qué es así?

Veamos algunos puntos y razones que influyen de manera directa en esta situación.

Porque todos lo hacen así. Es claro que no "todos" lo hacen así, pero vivimos en un tiempo en que la gran mayoría de las personas exigen "sus derechos" sin considerar que muchos de esos derechos lastiman a otros. Y aunque en palabras es una era de tolerancia, vivimos en la era de la humanidad en la que más se pisotean los derechos de los demás; solo los grupos de influencia (de mayoría, de poder económico, grupos que benefician a algún poder político) pueden conseguir lo que desean y lamentablemente en muchos de los casos, esos "derechos" que logran, dañan a otros. ¿Y dónde quedan los derechos de los demás?

Siendo honestos, nos da miedo salir a la calle, ya a cualquier hora del día

Vivimos en un tiempo donde lo malo es bueno y lo bueno es malo.

Vivimos en un tiempo en el que ser una buena persona, una persona honrada, una persona decente se considera ser un tonto.

Vivimos en un tiempo donde el que grita más fuerte es el que lo consigue todo y el que es respetuoso, tranquilo, paciente si acaso consigue unas palabras de burla.

Entonces como la gran mayoría son agresivos, deshonestos y demás, pues lo más fácil es seguir la corriente y hacer lo mismo.

Terminamos convirtiéndonos en algo que no deseamos.

Hay un término "popular" que dice: El que no transa no avanza. El asunto es que si seguimos la corriente y fomentamos este descontrol de nuestro propio sistema ¿a dónde vamos a llegar? ¿a qué vamos a llegar? ¿qué estamos creando para nuestros hijos?

Nota. Cuando utilizo el "todos" para generalizar es porque es la forma común en que eso se expresa, sin embargo, soy un firme creyente en la humanidad, en que hay muchas personas que diariamente se esfuerzan por cultivar y poner en práctica buenas cualidades en su vida.

Por conveniencia y corrupción. Durante más de quince años he tenido una empresa que desarrolla algunos proyectos para diferentes clientes entre ellos áreas de gobierno. En la mayoría (no todas aclaro) de estas secretarías y dependencias de gobierno, si desarrollas un proyecto, por defecto, la gente de ahí está esperando su mochada, y si saben que eres de los que no comparte esas ideas, pues simplemente no te dejan entrar a los concursos y buscan maneras de sacarte de su lista de proveedores.

¿Qué hacen entonces los empresarios? Pues "no les queda otra" que dar dinero y aceptar que así son las cosas. Eso sí, por todos lados hay pegados posters de lucha contra la corrupción.

He conocido sitios donde para cualquier trámite, necesitas un "intermediario", que es el que tiene el trato con alguien de adentro para que las cosas se hagan rápido, si no lo haces con ellos pues suerte, a ver cómo le haces.

En ocasiones si no aceptas abiertamente y haces lo que sabes que está mal, te relegan o expulsan, dañándote en tu economía.

Podríamos escribir miles de páginas sobre como por conveniencia la corrupción está en todos y cada uno de los engranes que forman nuestro sistema, como un cáncer que lo corroe, en muchas de las ocasiones, el mismo sistema ya no funcionaría si lo limpiaran, pero eso tu ya lo sabes, todos lo sabemos.

¿Seguirás dándole mordidas al policía para que no te infracciones? ¿Te dejarás seguir intimidando cuando te dice que entonces "van a llamar a la grua"?

¿Seguirás alimentando al monstruo que no se sacia con nada y que terminará comiéndonos a todos?

La desintegración familiar. La familia es la base de la sociedad, pero ahora mismo, al lado que miremos notamos como esa base está siendo atacada, está siendo destruida.

Vivimos en una nueva generación en la que se han perdido los valores que regían a las familias.

Si desde el hogar no se recibe una educación ética y moral, de ninguna manera podemos esperar que esta se refleje en los demás ámbitos de la vida de una persona.

Eduquemos apropiadamente a nuestros hijos, enseñémosles a ser respetuosos con las personas mayores, a dar las gracias, a pedir por favor, a saludar, a disculparse.

Es cierto que las necesidades de nuestros tiempos han hecho necesario que tal vez ambos padres tengan que trabajar, pero no dejemos que los dispositivos electrónicos sean los nuevos educadores de los niños.

Disciplinemos a nuestros hijos con amor e inculquemos en ellos valores y buenos hábitos; ellos serán la sociedad de mañana. ¿Será una sociedad agradecida? ¿Será una sociedad respetuosa? ¿Trabajadora? Todo depende de cómo hoy criemos a nuestros hijos.

La situación económica. Todos hemos escuchado que no es malo robar si es por necesidad, y sin duda que muchas personas sufren una fuerte necesidad, pero no podemos disfrazar esto, robar es robar, sin importar el caso.

Una persona trabajadora, responsable, confiable y con otras cualidades éticas nunca se va a quedar sin comer, ni siquiera sin trabajo; pero una persona que no tiene valores morales siempre va a buscar un pretexto para justificar sus vicios, su flojera, su mentira y demás faltas de ética.

Una persona que educa y fortalece su mente no será alguien que anda buscando donde trabajar, será alguien que genere trabajo para otros, y eso sin importar la edad que tenga.

No dejes que la situación económica sea un impedimento para convertirte en una buena persona.

No te engañes a ti mismo sobre que eres un poco malo, porque no te queda otra. Prepárate y crece. Cuando lo haces así al lado que mires ves oportunidades de negocios y de ganar dinero, pero eso va acompañado con ser diligentes, responsable, disciplinado, etc.

Considera que las buenas costumbres y hábitos son la fórmula para ser una persona de éxito.

La falta de educación. Si no inviertes en ti mismo, si no te educas es lógico que tengas problemas financieros y por ende sientas que no te queda otra que hacer cosas faltas de ética.

Muchas veces hemos escuchado que la educación es la solución a muchos de los problemas de la sociedad y es cierto, pero de que nos sirve escuchar eso si nadie hace nada.

Por eso, tú debes hacerte responsable de educarte a ti mismo. Hoy hay oportunidades por todos lados para quien desea superarse ¿quieres aprender algún oficio? Ve a YouTube y vas a encontrar miles de videos y cursos para aprender lo que quieras. ¿Trabajas y no tienes tiempo de ir a una escuela? Ahora mismo hay decenas de universidades que tienen carreras en línea, donde no tienes que asistir ni una sola vez y puedes ir haciendo los programas en tus horas del día que más te acomode.

A lo que voy es que ya no hay pretextos, el único motivo para no superarte eres tú mismo.

Los vicios. Las drogas tienen a nuestra sociedad de rodillas, tan así que todos conocemos a alguien que está "enganchado" con las drogas.

Para poder conseguirlas las personas hacen todo tipo de cosas malas: roban, mienten, amenazan, intimidan, maltratan a otros, asesinan, se venden a sí mismas. Bueno literalmente de todo. Y las familias se enferman junto con ellos y también hacen cosas malas y dañan a otros tratando de proteger a sus "enfermos".

Las drogas están hechas para atraparte desde la primera vez por el alto nivel de adicción que provocan.

Sé consciente que si te envuelves en drogas te dañas a ti mismo, a tu familia, a los que te rodean, participas de asesinatos y todo tipo de cosas malas que se hacen para hacértelas llegar.

Se ha creado una cultura donde se quiere hacer ver a los que están en ese mundo como triunfadores, pero solo son malas personas y nada más.

Las drogas sin duda representan todo lo opuesto a lo que es bueno, decente y ético.

Mi consejo: retírate de las drogas, de las personas que las consumen, de las personas que las venden, de las personas que aprecian a alguien que tiene que ver con drogas, de las personas que aprecian a alguien que aprecia al que tiene que ver con drogas. Bueno, entendiste el punto creo.

Hay tantas razones de por qué se pierde la ética como personas y sus opiniones, cada quien tiene su razón.

Nosotros lo que buscamos es entender el mundo que nos rodea. Para ser una persona de éxito, debes saber por dónde caminas en la vida y así podrás tomar buenas decisiones.

Cuida tu ética, cuídate de las personas faltas de ética.

6.6 - ¿De quién te rodeas?

Dime con quién andas y te diré quién eres.

Si alguien se junta con personas que mienten, que roban, que engañan, ¿qué pensarías de él?

¿Qué tal vez es una buena persona?

Como ya vimos con anterioridad en este libro, las compañías influyen de todas las maneras posibles en lo que una persona se convierte; si quieres convertirte en una persona de éxito, debes tener amistades con el tipo de personas que te impulsen hacia esas metas.

Dicen por ahí que las águilas vuelan con águilas, no con gallinas ni con patos, así que si quieres ser grande, si realmente lo quieres ser, debes evitar la compañía de personas que te jalen hacia abajo.

En el mejor de los casos, las malas compañías te distraen en cosas que nada tiene que ver con tus objetivos y metas y en el peor, te conviertes en algo peor de lo que ellos son.

Evita las malas compañías como evitas una enfermedad infecciosa.

217

Considera que las malas compañías las tienes también en lo que ves por cualquier medio, lo que escuchas, las redes sociales, lo que juegas, etc.

Si quieres adquirir buenos hábitos, júntate con personas que practiquen esos buenos hábitos.

Nota que cuando una persona es decente, los demás lo ven como un bicho raro y hasta se burlan de él. Aunque algunos aprecien las buenas cualidades de alguien así, lo evitan por miedo a lo que dirán los demás de ellos. Toma eso como una práctica para desarrollar tu carácter y para que deje de importarte lo que los demás piensen de ti. ¿A quién le importa lo que piensen la bola de perdedores?

No quiero redundar mucho en el tema, pero lo que te debe quedar muy claro aquí, es que debes aprender a identificar las practicas faltas de ética que tienen las personas que te rodean y tratar de evitar a esas personas, por el contrario si ves que alguien tiene buenos principios y valores esa persona vale la pena.

Y en el caso de tu negocio, busca rodearte de personas confiables y leales, gente en la que puedas depositar tu confianza y saber que no serás defraudado, claro, para conseguir eso, tú debes responder de la misma manera.

6.7 - ¿Cómo haces negocios?

Ya tenemos claro que no debemos fomentar la falta de ética aún cuando estemos rodeados de ese tipo de prácticas.

Tus negocios deben ser limpios, debes pagar tus impuestos apropiadamente, eso te va a permitir dormir tranquilo y evitar problemas futuros.

Debes darles a tus empleados las prestaciones y protección que por ley les corresponde. Si tus empleados ven que tu empresa trabaja con una cultura de ética, eso va a generar en ellos un espíritu de fidelidad, pertenencia, lealtad y orgullo, lo cual va a hacer que tengas mejores dividendos que cualquier empresa que no tiene la ética en sus estándares de trabajo. Y los empleados no van a buscar maneras de robarte ni tiempos ni recursos.

Si prometes algo, debes cumplirlo, debes ser alguien conocido por cumplir su palabra, un hombre vale no por lo que promete, sino por lo que cumple.

Nunca mientas delante de tus empleados, ni delante de algún cliente; bueno de hecho, nunca mientas. Se conocido como alguien veraz.

Aunque tu tengas palabra, nunca te confíes y hagas tratos sin documentos de respaldo, las personas que tratan de robarte siempre insisten mucho y se presentan a sí mismas como alguien de palabra, confiables e insisten en que no es necesario hacer ningún papel. Si alguien es de palabra no le debe importar y mucho menos molestar firmar un documento.

Personas que tratan de dañarte, tratan de hacerte sentir mal e insisten que firmar un contrato o pagaré, es porque desconfías de ellas. No te dejes envolver, tú debes tener procedimientos de trabajo establecidos para cada caso y los debes respetar sin hacer excepciones, eso te va a proteger.

Aunque tú negocio y tu manera de trabajar debe ser ética, debes conocer todas y cada una de las prácticas existentes para que te puedas proteger, recuerda, debes trabajar con el intelecto, debes trabajar de manera calculada e inteligente.

No dañas a los demás, pero de ninguna manera permites que te dañen a ti.

Ten un contador de confianza y un buen abogado, no les pidas ni permitas hacer movimientos cuestionables o que atenten contra tus principios.

Siéntete orgulloso de tu trabajo, de tu vida; y la única manera de hacerlo es siendo personas moralmente decentes, no podemos luchar contra lo que es natural, y es natural (la conciencia lo prueba) que dentro de nosotros deseamos ser buenas personas.

6.8 - Ética con tus clientes

Una de las maneras más sostenibles de trabajar es mediante recomendaciones o referencias; y cuando tú trabajas con ética cada uno de los clientes que obtengas te va a generar varios más clientes a través de los años. Va a llegar un momento en que no necesites hacerte publicidad, digo eso no te lo recomiendo, pero a ese nivel puedes llegar.

Cuando tratas con ética a tus clientes, ellos sientes que los respetas, que los tratas con dignidad, que no tratas de engañarlos, que pueden confiar en ti.

Debes ser transparente al explicar a tu cliente una propuesta, sin ocultar costos o alguna situación que sepas lo va a afectar posteriormente, aunque en un momento engañar te dé algo de dinero adicional va a hacer que las personas pierdan la confianza en ti, lo que a la larga inevitablemente te va a dañar financieramente.

Nadie somos tontos como para no darnos cuenta cuando se nos engaña, algunos solamente sabemos ocultarlo y en ocasiones hasta dar el beneficio de la duda, pero el resultado es inevitable, una persona que engaña va a salir muy dañada y perder lo que tiene.

Debes respetar las garantías y compromisos que hagas, en tiempo y forma, aún cuando te cueste más, a la larga serás beneficiado ya que crearás clientes fieles.

No manejes precios del tipo "según el sapo será la pedrada", repito, al único que le estás dando la pedrada es a ti mismo, porque a nadie más haces tonto. Por más que se trate de ocultar todos nos damos cuenta en un momento dado de que se nos ha cobrado más por un producto o servicio que a otra persona y claro, simplemente buscaremos otro proveedor del servicio.

No pongas a tu cliente en alguna situación de tipo fuera de la ley, haz todos los procedimientos apropiadamente y sin buscar atajos dudosos.

Si notas que un servicio que ya le cotizaste a un cliente no es necesario, no lo realices, y coméntaselo, para que sepa que puede confiar en ti, en que no le vas a cobrar por cosas innecesarias.

Si obtienes un ahorro adicional y te es posible, transfiérelo a tu cliente, en ocasiones un pequeño detalle como ese, crea relaciones de trabajo duraderas.

Dale a tu cliente recomendaciones pertinentes de lo que debe hacer, que según tu experiencia le ayudarán a ahorrar tiempo y dinero, eso te convertirá en un asesor para él y siempre te va a buscar.

Muestra aprecio a tus clientes, se agradecido con ellos por trabajar contigo. Esos pequeños detalles hacen la diferencia entre una persona mediocre y un individuo exitoso.

Si notas, nada es cosa de otro mundo ni complicada, todo es sentido común. Pero las personas se sienten muy listas porque se roban unos dólares y a la larga quedan en evidencia.

Practica la ética con tus clientes y sin duda vas a ser recompensado.

6.9 - ¿Cómo ser ético en un mundo sin ética?

Sentido común al fin.

¿Cómo ser ético entre gente que no lo es? ¿Cómo no solo serlo, sino también fomentarlo?

Simplemente estimado lector, haciendo las cosas que sabes son correctas y no haciendo las que sabes que no son correctas. Sin descuidar en ningún momento el no ser ovejas entre lobos, no pecar de inocentes.

Aclaremos, no somos inocentes en el sentido de tontos o inexpertos, de hecho debes ir un paso más delante de la gente que quiera dañarte, debes ser más listo que ellos. Cuando ellos actúan con falta de ética, demuestran falta de inteligencia, porque su cerebro no les alcanza para más que dejarse llevar por el sistema.

Entonces hay que estar preparados, hay que conocer las leyes implicadas en cada caso dependiendo en lo que estemos involucrados.

No hagas cosas buenas que parezcan malas. Si es posible cuando trates un asunto delicado, o con una dama, o algo que se pueda prestar a una mala interpretación, pide a otra persona que esté presente. Los malvados tratarán una y otra vez de hacerte ver mal, repito, ve un paso adelante de ellos.

Si es un asunto de recibir dinero, pon un tesorero o alguien diferente a ti que lo reciba y asegúrate que se lleve un control transparente.

¿Recuerdas las leyes para la vida? Ten cuidado con lo que hablas. Para no andarte cuidando de que ahora todo mundo trae celulares y graba cualquier cosa, simplemente no digas nada inapropiado.

Todos los acuerdos hazlos en papel, nada de palabra, la gente falta de ética no tiene palabra y si no lo hacemos así, estaríamos pecando de tontos.

Si vas a tratar asuntos confidenciales o delicados, preferentemente hazlo en persona, las llamadas o mensajes se pueden mal interpretar, o hasta editar y hacer públicos datos inexactos y fuera de contexto para dañarte.

Sé conocido por tratar a las demás personas con respeto, sin expresar demasiada confianza.

No des a nadie tus contraseñas o códigos de seguridad, sería abrir una puerta a personas que te desean hacer daño.

No recibas ni des sobornos, sé conocido como un trabajador y un empresario decente.

No utilices en tu negocio productos de dudosa procedencia. Alguien que compra así por ahorrarse unos dólares está fomentando prácticas que ni siquiera se imagina.

Te invito a hacer una lista de cualidades que personalmente consideres están dentro de lo que es la ética, señala las que pienses ya son parte de tu personalidad y las que aplicas actualmente en tu trabajo o negocio.

Marca las que deseas hacer parte de tu vida en un futuro, haz una lista aparte de estas y si te atreves escribe delante de cada una de estas porque crees que te beneficiaría poner en práctica cada una de ellas.

Cuando vayas a hacer un negocio o trato con alguien, antes escribe una lista de formas en las que las cosas podrían salir mal y como te puedes proteger.

Trata a los demás con la regla de oro, "haz a los otros lo que deseas que ellos te hagan". Si pones un poco de atención la regla es proactiva, te invita a tomar acción tu primero, a actuar bien tu primero y de la manera en cómo quisieras que después ellos lo hicieran.

Ser ético definitivamente no está de moda, no es lo que se promueve en las redes sociales, no hay influencers que lo publiciten, pero hoy no buscamos lo que está de moda, hoy buscamos lo que es decente, bueno, modesto.

Te deseo tengas éxito en tu deseo de ser moralmente bueno. ☺

6.10 - Conclusión del capítulo

Espero haber logrado transmitirte las bondades de actuar de manera ética en todo lo que haces.

Desde el trato con otras personas que se refleja en formas simples como mirarlos a los ojos, cuando los saludamos con un firme apretón de manos llamándolos por su nombre, decir gracias y decir por favor.

En nuestra rutina diaria devolviendo lo que pidamos prestado, siendo puntuales, respetuosos, justos y cariñosos.

Siendo conocidos como personas dignas de confianza, que sabemos escuchar, trabajadoras, prudentes y disciplinados.

Pero sobre todo ser leales a nosotros mismos y a lo que creemos.

CONCLUSION

Después de pasar tiempo juntos, compartiendo ideas y pensamientos hemos llegado hasta aquí.

Te agradezco el tiempo que has dedicado a la lectura de este libro, y deseo sinceramente que haya sido de tu agrado.

Espero que crezcas mental y emocionalmente, que te conviertas en la persona que deseas y logres lo que quieres obtener.

No dudo ni siquiera un poco que puedes llegar a ser y a tener lo que te propongas, pero como te he recalcado, la base de todo lo que logremos se encuentra en nuestra mente; así que no dejes de prepararte, no dejes de aprender, no dejes de superarte a ti mismo.

Cambia las creencias que te limitan, enfócate en lo que deseas de manera inteligente, cambia tus malos hábitos y adquiere hábitos de éxito, encuentra tu porque que te mueve, domina tus miedos y todo eso hazlo sobre una base ética, sin traicionarte a ti mismo.

Hasta pronto... hasta tu éxito.

BIBLIOGRAFIA

Los secretos de la Mente Millonaria (T. Harv Eker)
El 10% que más gana (Alice Wheaton)
El método (Phil Stutz y Barry Michels)
Acierta (Brian Tracy)
https://es.wikipedia.org
Psychology Today
http://etimologias.net

Portada: canva.com
Foto de Tookapic

Made in the USA
Middletown, DE
26 June 2021